Ernest Hemingway

rororo

W0193669

rowohlts monographien
begründet von Kurt Kusenberg
herausgegeben von Wolfgang Müller
und Uwe Naumann

Ernest Hemingway

Dargestellt von Hans-Peter Rodenberg

Rowohlt Taschenbuch Verlag

Umschlagvorderseite: Ernest Hemingway in Afrika, 1953
Umschlagrückseite: Ernest Hemingway, 1957
Spencer Tracy in einer Filmszene
von «Der alte Mann und das Meer»
(USA 1958)

Seite 3: Ernest Hemingway während der Arbeit
auf der Finca Vigía (Kuba), 1957
Seite 7: Ernest Hemingway in seinem Auto vor der Finca, 1957
Beide Fotos von Earl Theisen

11.–15. Tausend Oktober 1999

Originalausgabe
Veröffentlicht im Rowohlt Taschenbuch Verlag GmbH,
Reinbek bei Hamburg, Juli 1999
Copyright © 1999 by Rowohlt Taschenbuch Verlag GmbH,
Reinbek bei Hamburg
Alle Rechte an dieser Ausgabe vorbehalten
Umschlaggestaltung Ivar Bläsi
Redaktionsassistenz Katrin Finkemeier, Karolin Marhencke
Reihentypographie Daniel Sauthoff
Herstellung Gabriele Boekholt
Satz PE Proforma *und* Foundry Sans *PostScript, QuarkXPress 3.32*
Gesamtherstellung Clausen & Bosse, Leck
Printed in Germany
ISBN 3 499 50626 2

INHALT

Einführung

Die erste Biographie über ihn solle erst hundert Jahre nach seinem Tod erscheinen, sagte Hemingway einmal, und seinem Testamentsvollstrecker trug er 1958 auf, *daß keiner der von mir irgendwann zu meinen Lebzeiten geschriebenen Briefe veröffentlicht wird*[1]. Am liebsten hätte Hemingway um sein privates Leben einen undurchdringlichen Schleier gelegt, fast ein Paradox bei einem Mann, der fast sein ganzes Leben lang auf Publicity aus war, der ohne das Licht der Öffentlichkeit nicht der gewesen wäre, der er war. Die Kritik hat ihn geliebt und in den Himmel gehoben, und sie hat ihn ebenso unbarmherzig verrissen: Hier war endlich ein Schriftsteller, der nicht von des Gedankens Blässe angekränkelt war. Hemingway war Abenteurer, Großwildjäger, Hochseefischer, Stierkampfanhänger und «bon vivant» in einem, hatte Schlag bei den Frauen, heiratete viermal und bekam 1954 den Nobelpreis für Literatur – ein Autor, in dessen Leben es genauso bunt zuging wie in seinen Romanen und Kurzgeschichten. Wo immer Hemingway auftrat, war eine Filmkamera dabei, klickten die Verschlüsse der Fotoapparate, meldeten die Zeitungen am nächsten Tag, was «Papa» Aufregendes passiert war. Und der Schriftsteller, der alles andere sein wollte als ein verweichlichter Intellektueller, genoß es sichtlich und half eifrig mit, das öffentliche Bild vom Macho Hemingway zu formen.

Aber es war eine tückische Beziehung, die er mit den Medien einging. Sein Sohn John hat nach seinem Tod von ihm gesagt: «Es gab einen Augenblick in seinem Leben, in dem sein Image, sein Lebensstil, seine Persönlichkeit, die Phantasie der Öffentlichkeit mehr beschäftigten als sein Werk.»[2] Besonders gegen Ende seines Lebens wendete sich Hemingways selbstverfertigtes Image des Rauhbeins immer mehr gegen ihn. Die Presse begann mit Vorliebe über seine menschlichen Schwächen zu berichten, über seine Anfälligkeit gegenüber dem Berühmtsein, unter dem seine Gewissenhaftigkeit als Künstler litt, über seine Trinkerei, die zu Unfällen und sinnlosen Gewalttätigkeiten führte. Der Eindruck von Hemingway, der sich schließlich in der Öffentlichkeit festsetzte, war der eines Angebers, der die Hälfte der Zeit betrunken war, Leute zusammenschlug und großspurig auftrumpfte. Auf der Strecke blieb der andere Hemingway, der sensible Schriftsteller, dem der Alkohol nur dazu diente, seine Selbstzweifel und seine Unsicherheit zu betäuben. Dieser Hemingway war fast das Gegenteil der Person, als die er sich nach außen gab, der nach den Aussagen seiner Freunde beinahe schüchterne Mann, der den Rückhalt der Frauen brauchte, mit denen er verheiratet war, auch wenn er immer wieder gegen sie opponierte, der weiche Hemingway, der Katzen liebte und es nicht ertrug, daß er nicht so stark war, wie sein selbst erfundenes Bild es von ihm forderte.

Es macht die Tragik im Leben Hemingways aus, daß er selbst zunehmend das Gefühl gehabt haben muß, daß sein wahres Ich hinter der von ihm in die Welt gesetzten Legende mehr und mehr verschwand. Anders sind seine sich häufenden Schaffenskrisen und ist die persönliche Krise nicht zu erklären, die ihn schließlich am 2. Juli 1961 sein Leben beenden ließ. Das Leben Hemingways ist das Leben eines Mannes, der sich zeitlebens hinter seinen öffentlichen Posen versteckte, der die Frauen niedermachte, obwohl er privat gern in die Rolle des weiblichen Parts schlüpfte, der sich in den Medien als Tatmensch gab, obwohl er zutiefst von Zweifeln erfüllt war. Dieser Mann war zugleich Täter wie Opfer in einer Zeit, die einen zweifelsfrei maskulinen Helden brauchte, um die Verunsicherung durch die radikalen Veränderungen des 20. Jahrhunderts zu überdecken.

«Wo die Bars aufhören und die Kirchen anfangen»

Im Jahr 1899, als Ernest Miller Hemingway am 21. Juli als zweites Kind von Dr. Clarence Edmonds Hemingway und seiner Frau Grace Hall Hemingway in Oak Park, Illinois, geboren wurde, war von den Umbrüchen des 20. Jahrhunderts noch wenig zu spüren. In Oak Park, einem Vorort von Chicago, wohnte der bürgerliche Mittelstand, ehrbar, angesehen und ein bißchen langweilig. Allenfalls der Architekt Frank Lloyd Wright brachte etwas Unruhe in die Gemeinde mit seinen modernistischen Häusern im «Präriestil» und erst recht, als er 1909 mit einer verheirateten Frau durchbrannte. Ansonsten war in der überschaubaren Welt des amerikanischen Mittelwestens noch alles in Ordnung. Man klopfte sich gegenseitig auf die Schulter und unterhielt sich voller Optimismus über den Gang der Welt. Ab 1901 sollte Theodore Roosevelt für acht Jahre ins Weiße Haus einziehen, und die Welt, das

Dr. Clarence E. und Grace Hall Hemingway als Verlobte, 1891

war Amerika, das beste Land überhaupt. Man war ungeniert WASP, eben weiß, angelsächsisch und protestantisch, und wollte unter sich bleiben. Wichtig war, daß man «jemand war», ein großes Haus zum Vorzeigen hatte und dem richtigen Klub angehörte. Mit einem gewissen Hochmut sah man auf das nahe «proletarische», unmoralische und korrupte Chicago herab. Umgekehrt spöttelten die Chicagoer, Oak Park, das sei dort, wo die Bars endeten und die Kirchen begännen. Es war eine Atmosphäre des vorsichtigen Konformismus, der moralischen Achtbarkeit und der gegenseitigen Überwachung, aber auch ein Klima, in dem Kinder behütet und umsorgt aufwachsen konnten.

Die Hemingways gehörten zu den Honoratioren des Ortes. Ernest Hemingways Vater, Sohn eines Bürgerkriegsveteranen, der es als Immobilienmakler in Chicago zu Wohlstand gebracht hatte und dann nach Oak Park umgezogen war, hatte am Oberlin and Rush Medical College studiert und führte in Oak Park eine angesehene Praxis als praktischer Arzt und Geburtshelfer. Mit seinen 1,83 m war Ed, wie Dr. Clarence Edmonds Hemingway nur genannt wurde, eine große, stattliche Erscheinung, mit breiten Schultern und einem schwarzen Bart. Er war ein gewissenhafter Hausarzt, der für seine Patienten stets ansprechbar war und 1911 sogar zum Präsidenten der Medizinischen Gesellschaft von Oak Park gewählt wurde. Aus einem moralisch rigiden Elternhaus stammend – sein Vater Anson hatte den Dienst in der Armee quittiert, um für eine religiöse Organisation zu arbeiten –, gab es für Ed Hemingway keinen Zweifel daran, daß Gut und Böse klar erkennbare, genau fixierte Qualitäten waren, ohne Übergang zwischen ihnen. Luzifer lauerte überall: Wenn eines der sechs Kinder sich ausfallend benahm, mußte es unverzüglich auf den Knien Gott um Verzeihung bitten. Beherrschte der junge Ernest sich einmal nicht und rutschte ihm ein Schimpfwort heraus, war die Mindeststrafe, die er für diese unentschuldbare moralische Schwäche zu erwarten hatte, das Zähneputzen mit Toilettenseife. Im Haus 600 North Kenilworth Avenue, das die Hemingways 1906 bezogen, nachdem sie vorher im Haus der Eltern von Hemingways Mutter gewohnt hatten, wurden Spielkarten und Tanz nicht geduldet; Tabak und Alkohol waren in den Augen des Dr. Hemingway Werkzeuge des Teufels, und Kirchgang samt Sonntagsschule war

Hemingways Elternhaus: 600 North Kenilworth Avenue, Oak Park

Pflicht für die Familie. Es war eine wirklichkeitsferne, in ihrer puritanischen Strenge für die amerikanische Mittelschicht nicht untypische Einstellung, gegen die Hemingway zeit seines Lebens mit seiner äußerlichen Negation des Religiösen und Übertritt zum Katholizismus, seinem Abtauchen in Alkoholexzesse und seiner existentialistischen Betonung des Diesseits rebellieren sollte, dies um so mehr, als sie bei seinem Vater gleichzeitig mit Schüben von Jähzorn und sexueller Prüderie einherging. Dennoch liebte Hemingway seinen Vater mit einer ambivalenten Mischung aus Bewunderung, Abgestoßensein und Zärtlichkeit. In seiner stark autobiographisch gefärbten Kurzgeschichte *Väter und Söhne* sollte Hemingway Jahre später schreiben: *Sein Vater war sehr nervös, wie alle Leute mit einer Fähigkeit, die menschliche Bedürfnisse übersteigt. Und sentimental war er auch, und wie fast alle sentimentalen Menschen war er beides, grausam und oft betrogen. Und dann hatte er auch viel Pech, und es war nicht alles seine Schuld. Er war in einer Falle umgekommen, an deren Aufstellung er nur wenig beteiligt war, und sie hatten ihn alle auf ihre verschiedene Art und Weise verraten, bevor er starb. Alle sentimentalen Menschen werden eins ums andere Mal verraten. Nick konnte noch nicht über ihn schreiben, er würde es später einmal tun, aber das Wachtelland rief ihn Nick ins Gedächtnis zurück so wie er war, als Nick ein Junge gewesen, und er war ihm für zwei Dinge sehr dankbar: Angeln und Jagen. Sein Vater war auf diesen beiden Gebieten so sattelfest, wie er zum Beispiel in bezug auf alles Geschlechtliche ahnungslos war, und Nick war froh, daß es so gewesen war, denn es muß einem jemand die erste Flinte geben oder die Gelegenheit, eine zu bekommen und sie zu benutzen, und man muß dort leben, wo es Wild und Fische gibt, wenn man wirklich etwas über sie lernen will – und jetzt, mit achtunddreißig, angelte und jagte er genauso gern wie damals, als er zuerst mit seinem Vater gegangen war. Es war eine Leidenschaft, die niemals nachgelassen hatte, und er war seinem Vater sehr dankbar dafür, daß er sie in ihm geweckt hatte.* (Sgla, S. 108 ff.)

Dr. Hemingway hatte 1898 ein kleines Grundstück am Walloon Lake gekauft, auf das er ein Sommerhaus baute. Später kam eine 16 Hektar große Farm in der Nähe hinzu. Schon sieben Wochen nach seiner Geburt wurde Ernest hierher mitgenommen. Am Walloon Lake brachte Ed Hemingway seinem Sohn den Umgang mit Werkzeug und Waffen bei, hier lehrte er Ernest, wie man Wild ausweidete und zum Essen zubereitete, wie man mit den Fischen aus dem See umging. Es war eine männliche Welt, in der die Dinge einfach und unkompliziert schienen, jene Welt «ohne Frauen», in die auch sein Sohn Ernest immer wieder zurückkehren, in die er sich immer wieder flüchten würde, wenn er sich bedrängt fühlte. Heute muß man mit Hemingways Biographen Kenneth Lynn sagen, daß Dr. Hemingway bei aller Energie, die er besaß, wahrscheinlich ein zutiefst unglücklicher Mann war, daß seine plötzlichen, grausamen Ausfälle bei kleinsten Verstößen seiner Kinder, die er als religiöse Disziplinierung tarnte, seine fieberhafte Tätigkeit für die Gemeinde und seine sporadischen Nervenzusammenbrüche ein zusammenhängendes Muster manischer Depression ergeben. Am 6. Dezember 1928 setzte er sich die alte Smith & Wesson seines Vaters an den Kopf und drückte ab. Seiner Frau gegenüber eher weich und nachgiebig, quälten ihn, so läßt sich vermuten, Gefühle des Versagens als Ehemann und als Vater. Obwohl Ernest Hemingway sich seinem Vater sehr nahe fühlte, hat er ihm diesen Teil seines widersprüchlichen Verhaltens nie verziehen, es als Versagen gewertet. *Ich werde nie vergessen wie widerlich er mir war, als ich zum ersten Mal merkte, daß er ein «cobarde» war,* sinniert Hemingways Held Robert Jordan in *Wem die Stunde schlägt* über seinen Vater, der sich das Leben genommen hat: *Los, sag es in deiner Muttersprache. Feigling! Man fühlt sich erleichtert, wenn man es ausgesprochen hat, und was soll es für einen Sinn haben, einen Lumpen nicht einen Lumpen zu nennen, sondern ihm ein fremdsprachiges Wort anzuhängen. Aber er war kein Lump. Er war einfach ein Feigling, und das ist das größte Pech, das einem Menschen widerfahren kann. Wenn er kein Feigling gewesen wäre, hätte er es mit dem Weibsbild aufgenommen und sich nicht von ihr tyrannisieren lassen. […] Er verstand seinen Vater, und er verzieh ihm alles und bedauerte ihn, aber er schämte sich seiner.* (WdS, S. 327 f.) Die Schuld für das Verhalten seines Vaters gab Ernest Hemingway eindeutig seiner Mutter. In einer wieder gestrichenen früheren Version von *Väter und Söhne* sollte er schreiben: *Er war mit einer Frau verheiratet, mit der er weniger gemein hatte als ein Kojote mit einem weiblichen Pudel – denn er war kein Wolf, mein Vater. […] Wenn ein Mann mit einer Frau verheiratet ist, mit der er nichts gemein hat, bei der es nicht mehr um Gerechtigkeit geht, sondern unter dem Strich nur um Selbstsüchtigkeit und hysterische Gefühlswallungen, dann gibt es nur eins zu tun, und das ist, sie loszuwerden. […] Wer in einer solchen Ehe den ersten Zwist gewinnt, hat die Kontrolle, und der Verlierer mag noch so sehr an die Vernunft appellieren, erklärende Briefe schreiben, alles vor den Kinder noch einmal austragen – dann das unvermeidliche Erwachen, der Gewinner empfängt den Verlierer mit Großmut, alles, was den Kindern gesagt wurde, ist getilgt, ein Heim voll Liebe, Mutter hat dich über ihrem Herzen getragen, ah ja, und was ist mit seinem Herzen, wo schlug das, wo schlägt es jetzt und mit welchem hohlen Klang?* [3]

Grace Hall Hemingway war in der Tat von anderem Zuschnitt als ihr Mann. War Ed Hemingway der Typ des zwanghaften, hinter seinem patriarchalischen Gehabe eher depressiven Menschen, war sie der Prototyp der dominanten, hysterischen Frau. Blauäugig, drall und schon früh mit einem beeindruckenden Busen ausgestattet, war sie eine Aufsehen und Bewunderung erregende Erscheinung. Aufgewachsen als gehätschelte Tochter von Ernest Hall aus Chicago, einem wohlhabenden, aus Sheffield in England stammenden Messer-Großhändler, und seiner eigensinnigen Frau Caroline Hancock Hall, lehnte sie die Restriktionen, die damals einer Frau auferlegt waren, entschlossen ab. Sie war früh davon überzeugt, daß ihr ererbtes musikalisches Talent und ihre schöne

Stimme sie zum Ruhm als Opernsängerin führen würden. In ihrer Jugend hatte sie sich darum ganz einer musikalischen Karriere verschrieben, die jedoch jäh ein Ende fand, als sie bei ihrem Debut im New Yorker Madison Square Garden unerklärliche Kopfschmerzen befielen. Diesen Qualen wollte sie nicht noch einmal ausgesetzt sein, und so gab die Vierundzwanzigjährige mit dem schimmernden kastanienroten Haar dem Werben des neun Monate älteren Dr. Hemingway nach und heiratete ihn im Oktober 1896 in der Ersten Kongregationalistischen Kirche von Oak Park.

Ihr erstes Kind war ein Mädchen, und die junge Mutter war begeistert. Sie schränkte den Musikunterricht ein, den sie vorher gegeben hatte, widmete sich ganz ihren musischen Neigungen und der Familie, die im Verlauf von siebzehn Jahren schließlich auf sechs Kinder anwachsen sollte: Marcelline (geb. 1898), Ernest, Ursula (geb. 1902), Madeleine «Sunny» (geb. 1904), Carol (geb. 1911) und der Nachzügler Leicester (geb. 1915). Gerade und weil sie bald ihrem Mann gegenüber ambivalente Gefühle haben sollte, ihn einerseits in seiner Fügsamkeit ihr gegenüber brauchte, aber auch dafür als Schwächling verachtete, stürzte sie sich auf die Organisation ihres sozialen und künstlerischen Lebens. Da sie hausfrauliche Pflichten weitgehend ablehnte – die Aufwendungen für Angestellte und der Lebensstil, den sie für sich als passend empfand, strapazierten das Budget der Hemingways oft empfindlich –, blieb Grace reichlich Zeit, sich auf ihre musischen Neigungen zu konzentrieren. Sie tat es mit großer Hingabe, und nicht selten mußte Ed während eines Patientenbesuchs zu Hause anrufen, um dem Dienstmädchen aufzutragen, die Pastete aus dem Ofen zu nehmen. Neben ihrer musikalischen Begabung hatte Hemingways Mutter aber auch Gespür für die bildende Kunst und wurde in ihren mittleren Jahren eine regional durchaus bekannte Malerin.

Einige der Ideen, die Grace hatte, waren allerdings im besten Fall ungewöhnlich zu nennen. Als Ernest neun Monate alt war, zog sie ihm ein rosa Baumwollkleidchen an und setzte ihm ein Blumenhäubchen auf, wie seiner achtzehn Monate älteren Schwester Marcelline. Nun war das Kleidchentragen bei Babys beiderlei Geschlechts um die Jahrhundertwende nichts Ungewöhnliches, bei Ernest hielt dieser Zustand jedoch an, bis er über zwei Jahre alt

Der einjährige Ernest mit seiner Schwester Marcelline, Juni 1900

war. Auch die Haare wurden ihm wie bei einem Mädchen weit über das übliche Alter hinaus lang gelassen. Grace hatte sich in den Kopf gesetzt, Marcelline und ihn wie gleichgeschlechtliche Zwillinge aufzuziehen. Sie schulte Marcelline sogar ein Jahr später ein, damit beide in derselben Klasse sein konnten. Hemingways Bruder Leicester wurde erst geboren, als Ernest fast sechzehn Jahre alt war, zu spät, um Gegengewicht und Verbündeter zu sein. Ein Teil der Lebensängste, die Hemingway nachts begleiten sollten, auch wenn er selbst sie auf seine Kriegserlebnisse zurückführte, haben wahrscheinlich hier ihren Ursprung und sind als Angst vor einer Art psychischem Erstickungstod zu deuten. Unter der erdrückenden Allmacht der Mutter, die ihn einerseits als

Clarence und Grace Hall Hemingway 1912
an ihrem 16. Hochzeitstag mit ihren Kindern Carol, Ernest,
Madeleine (Sunny), Marcelline und Ursula (v. l.)

Mädchen verhätschelte, ihm andererseits aber auch abforderte, ein richtiger Junge zu sein, und umgeben von Schwestern hatte es der junge Ernest schwer, eine normale männliche Identität zu entwickeln. Der Schriftsteller Anthony Burgess hat hierzu scharfsichtig bemerkt: «Man konnte bis zuletzt beobachten, daß Hemingway in Gesellschaft von Frauen seiner eigenen Generation instinktiv in die Rolle des hänselnden, rechthaberischen, aber leicht einzuschüchternden Bruders schlüpfte. Auch von seinen Frauen verlangte er die kameradschaftlichen Eigenschaften einer Schwester. Er wünschte sich eine Tochter, die er aber nie bekam, und schuf sich daher gern einen Tochterersatz in Gestalt von jungen hübschen Frauen wie Ava Gardner und Ingrid Bergman.»[4] Die weibliche Dominanz im Hause Dr. Hemingway wog um so schwerer, als der Vater nur während der Ferienzeiten am Walloon Lake zur Verfügung stand, und auch dies nur, bis Ernest elf Jahre alt war. Danach sah sich Dr. Hemingway gezwungen, sich noch stärker beruflich zu engagieren, um den anspruchsvollen Lebensstandard seiner Frau weiter finanzieren zu können.

Insgesamt war Grace Hall Hemingway für ihre Kinder, dies muß man festhalten gegen die Ressentiments, die ihr Sohn Ernest später ihr gegenüber entwickeln sollte und die ihn sogar dazu bewegten, von einer unglücklichen Kindheit zu sprechen, zwar eine überaus dominierende, aber auch anregende Mutter. Auf ihrem Rosenholzklavier komponierte sie viele Melodien, die hinterher im Hause Hemingway gesungen wurden. Ihr Geltungsdrang ließ sie gesellschaftliche Anlässe zur Öffnung ihres Hauses suchen und so ein Gegengewicht gegen die puritanische Lustfeindlichkeit des Vaters schaffen. Sie war es, die es schließlich durchsetzte, daß Vergnügungen wie Tanzen nicht ganz aus dem Hause Hemingway verbannt werden konnten. Bei aller Strenge und frommen Sentimentalität unterstützte Grace ihre Kinder nachdrücklich in ihren Neigungen und ermutigte sie, ihren Gefühlen und Wünschen zu folgen. Dem musikalischen Talent seiner Mutter verdankt Hemingway zweifelsohne sein Gefühl für Rhythmus, jenes Gefühl für Melodie und Klang von Sprache, das später in seinem verknappten und auf das Wesentliche reduzierten Stil meisterhaft zum Ausdruck kommen sollte.

Das letzte gute Land

In der Schule war Ernest Hemingway ein begabter, ehrgeiziger, aber bis auf seine Leistungen in Englisch durchaus normaler Schüler, er war sportlich und bei seinen Kameraden äußerst beliebt. Da er für das populäre Football zu klein war, verlegte er sich trotz einer von seiner Mutter ererbten Fehlsichtigkeit des linken Auges – später sollte er diese körperliche Schwäche als Folge einer Boxverletzung ausgeben – mit großem Erfolg auf das Schießen. Mit fünfzehn machte er dann einen plötzlichen Wachstumsschub, er erreichte die Größe und das Gewicht seines Vaters, erbte allerdings auch dessen Neigung, anzusetzen und kräftig zu schwitzen. Als schriftstellerisches Vorbild hatte der junge Ernest sich den damals sehr beliebten Journalisten Ring Lardner ausgesucht. Aus Ernests Beiträgen für die Schulzeitschrift jedoch schon auf seine spätere schriftstellerische Neigung zu schließen, wäre übertrieben. Sie zeigen die bei Schülern oft ausgeprägte Neigung zum Wortwitz und beweisen allenfalls einen sicheren Umgang mit Sprache.

Abgesehen von der problematischen Situation zwischen den Eltern und den damit einhergehenden ödipalen Spannungen, war es eine materiell behütete und eher ereignislose Jugend, die Hemingway mit seinen Geschwistern verlebte. Jeden Sommer fuhren die Hemingways in ihr Sommerhäuschen am Walloon Lake, das die Mutter in fehlerhafter Anspielung auf den See in England «Windemere» getauft hatte. Da es in der Bucht, an der die Hemingways ihr Haus gebaut hatten, keine plötzlichen Tiefen im See gab, waren die Kinder beim Baden und Schwimmen sicher und entwickelten sich zu ausgesprochenen Wasserratten. Die Eltern Hemingway waren der Ansicht, daß es wichtiger sei, ausgiebig Zeit in der Natur zu verbringen, als auf den Tag genau zurück zur Schule zu sein. Die Familie brach deshalb oft in die Ferien auf, bevor die Schule zu Ende war, und kam erst Mitte September nach Oak Park zurück. Die Kinder durften Bücher aus der häuslichen Bibliothek mitnehmen und genossen ein freies Leben, das sie weitgehend selbstverantwortlich gestalten konnten. In vielen seiner

Der fünfjährige Ernest beim Fischen, Horton Creek, Juli 1904

Nick Adams Stories hat sich Hemingway später an die Erlebnisse erinnert, die er hier allein oder mit seinen Schwestern hatte, an die Momente der kindlichen Nähe, der Kameradschaft, der ersten Erkenntnis der Probleme des Lebens.

«Nickie, glaubst du an Gott? Du brauchst nicht zu antworten, wenn du nicht magst.»

«Ich weiß es nicht.»

«Ach laß. Du brauchst es nicht zu sagen. Aber es macht dir doch nichts aus, wenn ich abends mein Gebet sage?»

«Ich werde dich daran erinnern, wenn du's mal vergißt.»

«Danke dir. Es ist nur, weil ... Diese Art von Wald macht mich so schrecklich religiös.»

«Deshalb bauen sie ja auch die Kathedralen so wie das hier.»

«Meinst du, wir könnten später einmal nach Europa gehen und uns Kathedralen ansehen?»

«Na, bestimmt doch. Aber vorher muß ich heil aus dieser Sache rauskommen. Und lernen, wie man Geld verdient.»

«Meinst du, du wirst je mit Schreiben Geld verdienen?»

«Wenn ich je genug schreibe.» (*Das letzte gute Land*, NAS, S. 142)

Als Arzt wurde Hemingways Vater auch im Urlaub oft zu Kranken gerufen. Insbesondere betreute er viele der Arbeiter im Holzfällerlager unweit des Hauses der Hemingways. Von den Kindern wurde das Lager nur das Indianerlager genannt, weil es größtenteils aus Ojibway-Indianern bestand, die dort angestellt waren, um die Bäume zu fällen und die Borke zu entfernen. Es war hier, wo Hemingway auf unaufdringliche, alltägliche Weise mit Geburt und Tod, dem Beieinander von Freude und Schmerz in Berührung kam, wie es eine seiner berühmtesten Kurzgeschichten *Indianerlager* erzählt, eine meisterhafte Parabel des Erwachsenwerdens.

Nicks Vater ließ Wasser auf den Herd stellen und sprach, während es heiß wurde, mit Nick.

«Nick» sagte er, «die Frau da bekommt ein Kind.»

«Ich weiß», sagte Nick.

«Du weißt nichts», sagte sein Vater.

«Ach so», sagte Nick.

Gerade in diesem Augenblick schrie die Frau auf.

«O Daddy, kannst du ihr nicht irgend etwas geben, damit sie aufhört zu schreien?» fragte Nick.

«Nein», sagte sein Vater, «ich habe keine Betäubungsmittel. Aber ihr Schreien ist unwichtig. Ich höre es gar nicht, weil es unwichtig ist.»

Der Ehemann in der oberen Koje rollte hinüber zur Wand. […]

«Das ist fürs medizinische Journal, George», sagte er, «ein Kaiserschnitt mit dem Jagdmesser und eine Naht mit einem neun Fuß langen gedrehten Darm.»

Onkel George stand an der Wand und besah seinen Arm. «Du bist'n großer Mann, aber gewiß doch», sagte er. «Muß wohl noch einen Blick auf den stolzen Vater werfen. Gewöhnlich leiden die bei diesen kleinen Angelegenheiten am meisten», sagte der Doktor. «Ich muß sagen, der hier hat sich nicht sehr angestellt.»

Er zog dem Indianer die Decke vom Kopf. Seine Hand war naß. Er stieg auf die Kante der unteren Bettkoje, mit der Lampe in der Hand, und sah hinein. Der Indianer lag mit dem Gesicht zur Wand. Sein Hals war durchgeschnitten, von einem Ohr zum andern. Das Blut war, wo sein Körper die Bettkoje niederdrückte, zu einer Lache zusammengeflossen. Der Kopf ruhte auf dem linken Arm. Das offene Rasiermesser lag mit der Schneide nach oben zwischen den Decken. (*In unserer Zeit*, NAS, S. 88 f.)

Die Indianer lebten in dem Holzfällerlager mit ihren Familien, und einige der Frauen arbeiteten für jeden, der ihnen Arbeit anbot, gingen zur Hand oder erledigten die Wäsche. Einfache Menschen in der Natur, unberührt von den gesellschaftlichen Kompliziertheiten des zivilisierten Lebens in der Stadt, sollten in Hemingways Werk immer wieder für direkte Menschlichkeit, für ein ehrliches, handfestes Leben stehen. Ernest und seine Geschwister freundeten sich oft mit den jungen Leuten an. Obwohl biographisch vieles dagegen spricht, wahrscheinlich war er viel zu schüchtern, deutete Hemingway später an, hier seine ersten sexuellen Erfahrungen mit einem jungen Ojibway-Mädchen gemacht zu haben. *Konnte man sagen, daß sie als erste machte, was keine je besser gemacht hat, und konnte man dralle braune Beine erwähnen, einen flachen Bauch, harte kleine Brüste, fest umschließende Arme, eine schnell umhersuchende Zunge, die flachen Augen, den guten Geschmack ihres Mundes, dann unbehaglich, eng, süß, feucht, wunderbar, eng, schmerzhaft, voll, endgültig, nicht endend, niemals endend, niemals enden sollend, plötzlich endend war der große Vogel aufgeflogen wie eine Eule im Zwielicht, nur daß es Tageslicht war in den Wäldern und einem Tannennadeln am Bauch klebten. So daß man, wenn man an einen Platz kommt, wo Indianer gelebt haben, sie riecht, wenn sie auch fort sind, und all die leeren, kummerstillen Flaschen und die Fliegen, die herumsummen, töten nicht den Geruch von Riedgras und den Geruch von Rauch und jenen anderen, wie von einem frisch abgezogenen Marderfell.* (*Väter und Söhne*, Sgla, S. 116) Ansonsten hielt sich der junge Hemingway bei den Mädchen auffällig zurück. Mitschülerinnen erinnern sich, daß er freundlich zu ihnen war, aber keine von ihnen während der Schulzeit eine Verabredung von ihm mitbekam. Er ging nicht zum Tanzen – mit seinen großen Füßen und plumpen Bewegungen war Hemingway zeitlebens sowieso der Schrecken aller tanzwilligen Damen –, und auf die Abschlußfeier der High School kam er auf Drängen seiner Mutter hin mit seiner Schwester Marcelline als Tanzpartnerin.

Krieg, Verwundung und erste Liebe

Am 6. April 1917 traten die USA auf seiten der Alliierten gegen Deutschland und die anderen Achsenmächte in den Krieg ein. Darauf brennend, der Langeweile von Oak Park zu entkommen, wollte sich der siebzehnjährige Hemingway sofort freiwillig melden. Sein Vater erklärte ihm jedoch mit aller Autorität, er sei noch zu jung und mit seiner Sehschwäche auch nicht wehrtauglich. Trotzdem drängte es Ernest, sobald er auf der Oak Park and River Forest High School abgeschlossen hatte, fortzukommen. Die Rettung fand sich in Gestalt seines Onkels Tyler Hemingway, der mit dem Chefredakteur des «Kansas City Star» befreundet war, damals eine der sechs angesehensten Zeitungen der USA. Kansas City war 1917 eine aufstrebende Stadt, in der die Pionierzeit noch lebendig war, in der sich das Gesetz mühsam gegen Verbrechen, Prostitution und Korruption durchsetzte – spannendes Terrain also für einen jungen Provinzler.

Die USA im Ersten Weltkrieg

1915 Torpedierung der «Lusitania» mit 124 Amerikanern an Bord
1917 Januar: Deutschland erklärt den «uneingeschränkten» U-Boot-Krieg
6. April: Kriegserklärung der USA
Mai: Einführung der Wehrpflicht in den USA
Juni: amerikanische Expeditionsstreitkräfte in Frankreich
Oktober: Niederlage der Italiener bei Caporetto
1918 8. Januar: 14-Punkterede Präsident Wilsons
September: amerikanischer Durchstoß bei St. Mihiel
9. November: Abdankung Kaiser Wilhelms II.
11. November: Waffenstillstand

Hemingways Revier waren die Polizeistation, das städtische Krankenhaus und die Gegend um den Bahnhof. Für 15 Dollar die Woche hatte er über alles Erwähnenswerte zu berichten. Um ihn auf den Stil des Blattes einzuschwören, bekam er das «Kansas Star»-Stilbuch in die Hand gedrückt: «Gebrauche kurze Sätze und kurze Einleitungen, verwende ein kraftvolles Englisch, ohne zu vergessen, flüssig zu schreiben. Sei positiv, nicht negativ.» Hemingway hat die sieben Monate, die er für den «Star» tätig war, immer wieder als seine eigentliche Lehrzeit für seine spätere Tätigkeit als Schriftsteller herausgestellt.

Kansas City, das war für den jungen Hemingway die erste Begegnung mit dem wirklichen Leben, wie es sich fernab der Verschwiegenheit der Wälder von Michigan, außerhalb der überbehüteten, kontrollierten Welt seines Elternhauses abspielte. Begeistert schrieb er an seine Familie: *Die letzten beiden Wochen sind für mich schrecklich geschäftig gewesen. Jede Minute war etwas zu tun. […] Eine große Scheune brannte und ich bin dort etwa zur selben Zeit angekommen wie die Feuerwehr und habe geholfen, die Tür einzuschlagen und die Spritze auf das Dach heraufzubringen. Hat mir allgemein Spaß gemacht. […] Die letzte Woche war ich mit einer Mörder-Geschichte beschäftigt.*[5] Der stellvertretende Chef des Lokalteils, C. G. Wellington, Hemingways unmittelbarer Vorgesetzter, sah seinen Ehrgeiz darin, lieber einen Stab von jungen, noch unerfahrenen Menschen auszubilden und in den in den ganzen USA berühmten Stil des Blattes einzuführen, als mit bereits fertigen Reportern zu arbeiten. Hemingway lernte hier nicht nur, sich eines klaren und einfachen Stils zu bedienen, der Sprache wie ein technisches Instrument einsetzte, wichtiger noch, als Lokalreporter kam er in direkten Kontakt mit der Wirklichkeit. Er mußte physisch an Ort und Stelle sein, hören, wie die Menschen wirklich redeten, seinen Beobachtungen vertrauen und das persönliche Erlebnis niederschreiben – alles Merkmale, die sich später in seinen Dialogen und seiner Prosa wiederfinden sollten. Daneben lernte Hemingway den Umgang mit der Presse selbst, ihr Angewiesensein auf Nachrichten, Klatsch und Sensationen. Sein späteres Spiel mit den Medien, das ihm erlaubte, sich zum Mythos des männlichen Tatmenschen und Abenteurers schlechthin zu stilisieren, ist ohne diese praktischen Erfahrungen in Kansas City und seine fast lebenslange Tätigkeit als Korrespondent für verschiedenste Zeitungen nur schwerlich denkbar.

Aber die Tätigkeit als Journalist reichte dem energiegeladenen, rastlosen Hemingway nicht, der froh war, den Begrenzungen der Provinz entkommen zu sein und jetzt nach der Welt fieberte. Als einer seiner Freunde, Ted Brumback, wie er Journalist und sogar noch stärker sehbehindert, nach vier Monaten im American Field Service zurückkehrte, wo er Ambulanzwagen gefahren hatte, ergriff Hemingway die Chance und meldete sich freiwillig als Honorary Second Lieutenant zum Sanitätskorps des amerikanischen Roten Kreuzes. Um zu vertuschen, daß er nicht mit der Waffe kämpfen durfte, tischte er seinen Freunden in Kansas dicke Lügen auf, wie die, daß er behauptete mit Mae Marsh, dem Star von D. W. Griffiths Film «Die Geburt einer Nation», verlobt zu sein. Im Mai 1918 schrieb er großspurig an seine Eltern: *Unsere Uniformen sind die von normalen Offizieren der U. S. Army und sehen überwältigend aus. Rekruten und Unteroffiziere müssen uns grüßen.*[6] Am 21. Mai 1918 wurde Hemingway an Bord der «Chicago» nach Bordeaux eingeschifft und dann über Paris und durch den Mont-Cenis-Tunnel nach Mailand in Richtung österreichisch-italienische Front verlegt. Gleich am ersten Tag seines Einsatzes lernten er und seine Kameraden das Grauen des Krieges kennen, als eine Munitionsfabrik in die Luft flog und sie die zerfetzten Leichen – meist Frauen – einsammeln mußten. Zwei Tage danach wurde er mit einer Gruppe von fünfundzwanzig Mann an die Front nach Schio am Südrand der Dolomiten gebracht, um italienische Verwundete aus dem Kampfgebiet abzutransportieren. Als für die Kantinen direkt hinter der Front Freiwillige gesucht wurden, meldete Hemingway sich und wurde nach Fossalta di Piave geschickt. Hier hatte er das Kriegserlebnis, um das seine Gedanken fortan immer wieder kreisen sollten, seine Verwundung, die ihn fast das Leben kostete.

Aufgabe Hemingways war es, die Schützen in den Gräben mit Zigaretten und Schokolade zu versorgen. Kurz nach Mitternacht des 8. Juli schlug eine österreichische Kartätsche in seiner Nähe ein, und viele Italiener wurden verwundet. In seinem Roman *In einem anderen Land* beschrieb Hemingway das Geschehen: *Durch all den anderen Lärm hindurch hörte ich ein Husten, dann kam das tschu, tschu, tschu – dann ein Aufflammen, als wenn die Tür eines Hochofens aufgerissen wird, und ein Brüllen, daß weiß anfing und rot wurde und weiter und weiter anschwoll in einem sausenden Sturm. Ich versuchte zu atmen, aber mein Atem blieb weg, und ich fühlte, wie ich sausend meinen Körper verließ, raus, raus, raus, und die ganze Zeit über spürte ich deutlich meinen Körper im Wind. Ich fuhr geschwind aus mir heraus, mein ganzes Ich, und ich wußte, daß ich tot war und daß es gar nicht wahr ist, wenn man denkt, man stürbe einfach. Dann trieb ich dahin, und anstatt daß*

In Uniform mit sorgfältig entfernten Rote-Kreuz-Abzeichen, Chicago 1919

es weiterging, fühlte ich mich zurückgleiten. Ich atmete, und da war ich wieder. Der Boden war aufgerissen, und vor meinem Kopf lag ein zersplitterter Holzbalken. Durch das Dröhnen in meinem Kopf hindurch hörte ich jemand weinen. Ich dachte, da schreit jemand. Ich versuchte mich zu bewegen, aber ich konnte mich nicht bewegen. Ich hörte die Maschinengewehre und Gewehre über den Fluß und den ganzen Fluß entlang feuern. Es gab ein großes Aufspritzen, und ich sah Leuchtkugeln aufsteigen und Bomben losgehen, all dies in einem einzigen Moment, und dann hörte ich dicht neben mir jemand sagen: «Mamma mia! O mamma mia!» […] Ich setzte mich aufrecht, und als ich es tat, bewegte sich etwas in meinem Kopf wie die Gewichte an den Augen in einem Puppenkopf und ich spürte hinter meinen Augäpfeln einen Schlag. Meine Beine fühlten sich warm und naß an, und in meinen Schuhen war es auch warm und naß. Ich wußte, daß ich verwundet war, und ich beugte mich vornüber und faßte mit der Hand nach meinem Knie. Mein Knie war nicht da. Meine Hand ging hinein und mein Knie war unten, wo mein Schienbein war. Ich wischte meine Hand an meinem Hemd ab, und wieder kam eine Leuchtkugel sehr langsam herunter, und ich besah mir mein Bein und hatte furchtbare Angst. O Gott, sagte ich, hilf mir hier heraus. (IeaL, S. 48 f.)

Ernest Hemingways schwere Verwundung hatte dramatische Folgen. Wie viele junge Menschen hatte er sich bis dahin in der Illusion gewiegt, unsterblich zu sein. Nach diesem Zwischenfall hatte er zumindest in seiner Vorstellung den Tod erlebt und litt nun an einer Art Granatenschock, von dem er sich nur langsam erholte, auch wenn seine Briefe nicht danach klangen, eher prahlerisch wirkten: *Hui, Leute, das hat vielleicht einen netten Wirbel gegeben, daß ich angeschossen wurde! Heute wurde ich mit Eichenlaub dekoriert, und da regte sich in mir der Gedanke, Leute, daß Ihr mich vielleicht nicht richtig geschätzt habt, als ich noch in Eurem Schoße weilte. Es ist fast so gut wie getötet werden und den eigenen Nachruf zu lesen. Ihr wißt ja, man sagt, bei diesem Krieg gäb's gar nichts zu lachen. Und das stimmt. [...] bei einem Volltreffer fliegen einem die Kameraden in Fetzen um die Ohren. Buchstäblich.*[7] Die Wirkung stellte sich mit einiger Verzögerung ein. Zu der Kindheitsangst, von einer mächtigen Mutter erdrückt zu werden, trat jetzt das Bewußtsein der Zerbrechlichkeit und Gefährdung der menschlichen Existenz, erlebt im Trauma seiner Verletzung, der Erkenntnis, dem Tod nur um Haaresbreite entronnen zu sein. Schlafstörungen suchten Hemingway heim.

In der Person seines Alter ego Nick gab er in seiner 1927 geschriebenen Kurzgeschichte *Müde bin ich, geh zur Ruh* der Angst Form, die ihn in den Nächten packte. *In jener Nacht lagen wir im Zimmer auf dem Fußboden, und ich hörte dem Fressen der Seidenraupen zu. Die Seidenraupen fraßen Maulbeerblätter auf den Hürden, und die ganze Nacht über hört man sie fressen und ein fallendes Geräusch in den Blättern. Ich für meinen Teil wollte nicht schlafen, weil ich schon sehr lange mit dem Wissen lebte, daß meine Seele, falls ich je im Dunkeln die Augen zumachte und mich gehenließ, meinen Körper verlassen würde. So war ich schon sehr lange, seit damals, als ich nachts in die Luft gesprengt worden war und gefühlt hatte, wie sie aus mir herausgefahren und weg und dann wieder zurückgekehrt war.* (MoF, S. 308) Und wie sich auch Hemingway selbst immer wieder aus der als erdrückend empfundenen menschlichen Gemeinschaft in die Natur zurückzieht, findet auch sein Held Nick Ruhe in der Erinnerung an den Zufluchtsort und die Tätigkeit, in die sich schon Hemingways Vater vor seiner Frau geflüchtet hatte – Fischen und Jagen in der unberührten Natur der Seen, Bäche und Wälder Michigans.

Fünf Tage blieb Hemingway nach seiner Verwundung im Feldlazarett, während man ihm 28 Stahlsplitter aus seinem Bein herausschnitt. Dann wurde er für transportfähig erklärt und in das Ospedale Croce Rossa Americana in der Via Alessandro Manzoni in Mailand verlegt. Hier lag er weitere drei Monate, ließ noch

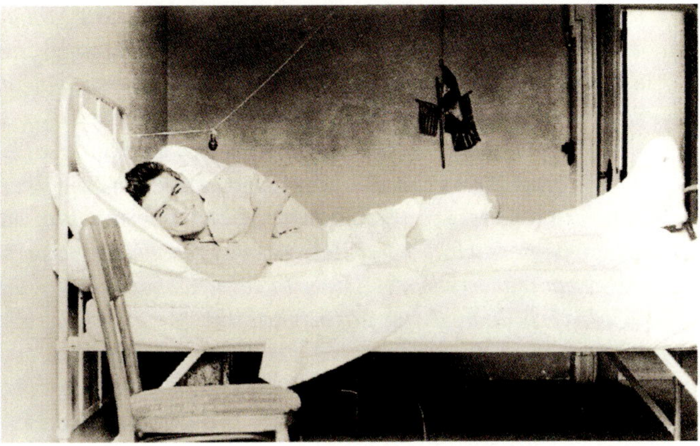

In Mailand im Lazarett

einmal zwölf Operationen über sich ergehen und verliebte sich leidenschaftlich in die Krankenschwester Agnes von Kurowsky, eine dunkelhaarige Schönheit aus Washington, D. C., die sich ebenfalls freiwillig zum Einsatz in Europa gemeldet hatte. Hemingway sollte diese Liebe und seine Fronterlebnisse ein Jahrzehnt später in seinem 1929 veröffentlichten Roman *In einem andern Land* verarbeiten, in dem er die Liebe des jungen amerikanischen Soldaten Frederic Henry zu der schönen Krankenschwester Catherine Barkley mit einer Direktheit und zugleich poetischen Zartheit beschrieb, wie sie für die damalige Zeit ungewöhnlich waren. Sie konterkarieren das Bild wirkungsvoll, das er später von sich entwarf. *Wenn sie dann kam, war es, als ob sie einen langen, langen Ausflug gemacht hätte, und ich ging mit ihr auf meinen Krücken den Gang entlang und hielt ihr die Schüsseln und wartete vor den Türen, oder ging auch mit ihr hinein; das hing davon ab, ob es Freunde von uns waren oder nicht, und wenn sie alles erledigt hatte, was zu erledigen war, setzten wir uns draußen auf den Balkon vor meinem Zimmer. Später ging ich ins Bett, und wenn alles schlief, und wenn sie sicher war, daß niemand sie rufen würde, kam sie herein. Ich machte schrecklich gern ihr Haar auf, und sie saß auf dem Bett und hielt ganz still, außer sie beugte sich plötzlich herab, um mich zu küssen, während ich es tat, und ich zog die Nadeln heraus und legte sie auf das Laken, und ihr*

Haar hing herunter, und ich betrachtete sie, wie sie sehr still hielt, und dann nahm ich die beiden letzten Nadeln heraus, und es fiel alles herab, und sie senkte den Kopf und wir waren beide darin eingehüllt, und man hatte das Gefühl, in einem Zelt oder hinter einem Wasserfall zu sein.

Sie hatte wunderbares, herrliches Haar, und manchmal lag ich so da und betrachtete sie, wie sie es im Licht, das durch die offene Tür fiel, aufsteckte, und es glänzte sogar in der Nacht, so wie Wasser manchmal glänzt, bevor es wirklich taghell ist. Sie hatte ein wunderschönes Gesicht auf einem wunderschönen Körper und eine wunderschöne glatte Haut. Wir lagen beieinander, und ich berührte ihre Wangen und ihre Stirn und die Stellen unter ihren Augen und ihr Kinn und ihren Hals mit meinen Fingerspitzen. (IeaL, S. 89 f.)

Agnes von Kurowsky reagierte mit zurückhaltender Zuneigung auf die glühende Verehrung des fast zehn Jahre jüngeren, gutaussehenden Mannes, der zum Oberleutnant befördert und dem die Medaglia d'argento di valore militare und das Croce al merito di guerra verliehen wurden. Bezeugt ist, daß sie ihn anziehend fand, jedoch wegen des Altersunterschieds keine intimere Verbindung mit ihm eingehen wollte. Aber auch wenn er nicht mit einer Frau an seiner Seite in die USA zurückkehren sollte, Hemingway hatte etwas anderes gefunden, obwohl er es zu dieser Zeit noch nicht zu schätzen wußte. Das Kriegserlebnis in Italien, die Liebe zu Agnes, die Begegnung mit der Kultur des alten Europa, die ihn mehr faszinierte als die amerikanische, das waren Keime für die großen Themen, um die in Zukunft sein schriftstellerisches

Agnes von Kurowsky

Denken kreisen würde – die Aufgabe des Menschen angesichts der Unbarmherzigkeit und Sinnlosigkeit des Todes und der Gefahr und die Kompliziertheit der Liebe, einer Liebe allerdings, deren Unmöglichkeit, deren Scheitern immer wieder in seinen Romanen und Kurzgeschichten aufscheinen würde.

Im Januar 1919 traf Hemingway als Held gefeiert und von den Mädchen angehimmelt im heimatlichen Oak Park ein. Für einige Zeit war er in Hochstimmung, genoß die Aufmerksamkeit, die ihm zuteil wurde. Er inszenierte kleine Paraden und ließ seine Freunde seine Granaten und seine Pistole im Hinterhof bewundern. Aber hinter dem theatralischen Pathos und den Übertreibungen, mit denen er seine Erlebnisse auftischte, war Hemingway unzufrieden. Nach Europa erschien ihm Amerika öde und langweilig. Dazu ließen ihn die Furien des Kriegs nicht aus den Klauen. Monatelang konnte er nur bei eingeschaltetem Licht schlafen. Er irrte in seinem malerischen italienischen Militärumhang und seiner eigens in Mailand angefertigten Uniform umher, betrank sich und machte keine Anstalten, sich nach Arbeit umzusehen. *In diesem Krieg gibt es keine Helden, alle die Helden sind tot*, hatte er im Oktober aus Italien geschrieben. *Sterben ist eine sehr einfache Sache. Ich habe dem Tod ins Gesicht geschaut und weiß es wirklich. Wenn ich gestorben wäre, wäre es für mich sehr leicht gewesen. Sogar das einfachste, was ich je getan habe. […] Und wieviel besser in der glücklichen Zeit undesillusionierter Jugend zu sterben, aufgehen in einem Lichtblitz, als körperlich verbraucht und alt und mit zerbrochenen Illusionen.*[8] Er träumte von Agnes von Kurowsky und schrieb ihr täglich, aber sie hatte sich in einen jungen neapolitanischen Adeligen verliebt. Hemingway war verstört und verbittert. Im März 1919 schrieb er voller Verzweiflung an seinen Kriegskameraden und engen Freund Bill Horne: *Ich habe es schon einige Zeit vermutet seit ich zurück bin und diesen Morgen fand ich mich in einem Brief von Ag bestätigt. Sie liebt mich nicht, Bill. Sie nimmt alles zurück. Ein «Irrtum». Einer von jenen kleinen Irrtümern, weißt Du. […] Du schläfst mit einem Mädchen und gehst dann weg. Sie braucht jemanden für's Bett. Und wenn der Richtige auftaucht, hast Du das Nachsehen. So läuft es. […] Ich habe Ag geliebt, sie ist mein Ideal gewesen; und Bill, ich vergaß alles über Religion und so weiter, weil ich Ag angebetet habe. […] Aber sie liebt mich nicht mehr, Bill, und sie wird bald jemanden, dessen Namen ich nicht kenne, heiraten.*[9]

Zu dem Schock, den ihm seine Verletzbarkeit versetzt hatte, kam die Kränkung durch die Zurückweisung von der Frau, die er liebte. Diese Kränkung war um so größer, als Agnes von Kurowsky seine erste große Liebe war. Im nachhinein scheint es, als ob diese Zurückweisung ihn tiefer verletzte, als es normalerweise bei der ersten schwärmerischen Liebe eines jungen Mannes der Fall hätte sein sollen. Er schien in seiner Männlichkeit selbst getroffen. In seinen späteren Ehen sollte Hemingway fast unter Wiederholungszwang der Demütigung des Verlassenwerdens ausweichen, indem er sie selbst vorwegnahm und bereits eine neue Frau in petto hatte, während er noch mit der alten verheiratet war. Meist war dabei die neue Frau auch noch eine Freundin der alten. Es war, als ob Hemingway seine Frauen mit zwanghafter Regelmäßigkeit verletzen müßte, um nicht selbst verletzt zu werden. Auf die Zurückweisung durch Agnes von Kurowsky reagierte er mit finsterer Wut und Flucht in die entlegenen Wälder Michigans. An einen Freund schrieb er: *Ich bin mir noch im Unklaren darüber, was ich nächsten Herbst tun werde. Ich wollte, es gäbe einen Krieg, der meine Probleme lösen würde. Da ich nicht arbeiten muß, kann ich mich nicht entschließen, was ich zum Teufel tun soll. Die Familie will mich dazu bringen, zur Universität zu gehen, aber ich will zurück nach Italien, und ich will nach Japan, und ich will ein Jahr in Paris leben und will so verdammt viele Dinge tun, daß ich zum Teufel nicht weiß, was ich nun tun werde. […] Während des Krieges war es alles so einfach, weil es für einen Mann nur eine Sache zu tun gab. […] Kannst Du nicht zuerst in den Norden [nach Michigan] mitkommen? Gegen Mitte Juni kann man dort gut fischen, und das gute Wetter fängt an.*[10]

Mit Unterbrechungen blieb Hemingway von Juli bis Dezember 1919 in Michigan. Er verbrachte seine Zeit mit Fischen, Lesen und Schreiben. Aber obwohl er Dutzende von Erzählungen schrieb und an verschiedene Zeitungen schickte, erhielt er sie mit frustrierender Regelmäßigkeit zurück. Erlösung kam in Gestalt eines etwas eigenwilligen Jobs in Toronto, bei dem Hemingway bei einer wohlhabenden Familie als eine Art Babysitter für den gleichaltrigen, etwas zurückgebliebenen Sohn auftreten sollte. Der eigentliche Clou war jedoch das gleichzeitige Versprechen, ihn beim «Toronto Star Weekly» unterzubringen. Hatte Hemingway in Kansas City das Handwerk des Reporters gelernt, wurde er jetzt zum «feature writer». Er schrieb über alles: Forellenfischen, Frauen beim Boxen, Campen, darüber, wie die Ladenhüter der Mode in die Provinz wanderten, und über die steigende Kriminalitätsrate in Chicago. Oft waren seine Artikel satirisch gefärbt, ob er nun die sich patriotisch gebärdenden Kriegsgewinnler anprangerte, sich über den Snobismus gewisser Gesellschaftskreise in Toronto lustig machte oder erzählte, wie er sich einer kostenlosen Rasur in einer Friseurschule aussetzte. *Manche Bürger unserer südlichen Nachbarrepublik pflegen ihren Staat bescheiden «das Land der Freien und die Heimat der Mutigen» zu nennen. Es mag sein, daß sie mutig sind, aber frei ist dort nichts. […]*

Die einzige Heimstatt der Freien und der Mutigen ist die Friseurschule. Dort ist alles frei. Und Mut muß man auch haben. Falls Sie 5 Dollar 60 im Monat einsparen wollen am Rasieren und Haarschneiden, so gehen Sie zur Friseurschule. Aber beißen Sie die Zähne zusammen. Ein Besuch des Unternehmens verlangt die nackte Kaltblütigkeit eines Mannes, der offenen Auges in den Tod geht. Falls sie es nicht glauben, so gehen Sie nur in die Abteilung für Anfänger und stellen sich für eine kostenlose Rasur zur Verfügung. Ich hab's gemacht. (*Rasieren gratis*, 49 D, S. 11) Und Hemingways Stilübungen gefielen. Zum erstenmal sah er seinen Namen über einem Beitrag gedruckt und fühlte sich als professioneller Schriftsteller, auch wenn die Bezahlung ein Hungerlohn war.

Ernest Hemingways Eltern waren jedoch alles andere als angetan von einem Sohn, der in ihren Augen herumlungerte und ihnen auf der Tasche lag, anstatt ein Studium aufzunehmen. Besonders das Verhältnis zu Grace spitzte sich zusehends zu. Der in seiner Kindheit nur schwelende Konflikt, seine Aversionen gegen die Frau, die seinen Vater kujonierte, kam jetzt zum Ausbruch, indem er ihr schlichtweg den Respekt verweigerte und sie durch Mißachtung provozierte, bis sie ihn schließlich mehr oder weniger aus dem Haus warf. «Mein Sohn Ernest, komm zu Dir selbst, hör auf mit Deiner unnützen Herumlungerei und Vergnügungssucht. Wenn Du etwas borgst, verschwendest Du keinen Gedanken daran, es zurückzugeben. Hör auf, allem und jedem auf der Tasche zu liegen, mach Schluß damit, Dein gutaussehendes Gesicht allein dazu zu verwenden, kleine, leichtgläubige Mädchen zu beeindrucken, und hör auf, Deine Pflichten gegenüber Gott und

Deinem Erlöser Jesus Christus zu vernachlässigen. Mit anderen Worten, werde ein Mann, anderenfalls hast Du nichts anderes zu erwarten als Bankrott. Du hast Dein Konto überzogen, es braucht neue Einlagen, inzwischen kräftige, in Form von Dankbarkeit und Anerkennung, Interesse an den Ideen und Angelegenheiten Deiner Mutter, kleine Erledigungen für Zuhause, das Verlangen, Mutters kleine Vorurteile zu akzeptieren, auf keinen Fall ihren Frieden stören, Blumen, Fruchtbonbons oder etwas anzuziehen, das mit einem Kuß und einer Umarmung zu Mutter nach Hause gebracht wird, ein ehrliches Interesse daran, sie singen oder Klavier spielen oder ihre Lieblingsgeschichten erzählen zu hören – das heimliche Bezahlen von Rechnungen, einfach, um Mutter damit nicht zu belasten. Diese Welt, die Deine Welt ist, schreit nach Männern, wahren Männern mit Saft und Kraft, sowohl im moralischen als auch im physischen Sinne, Männern, deren Mütter zu ihnen aufsehen können, anstatt beschämt den Kopf hängen zu lassen, weil sie sie geboren haben. Reinheit der Sprache und des Lebens sind Dir von frühester Kindheit an beigebracht worden. Du stammst von einer Rasse von Gentlemen ab, Männern, die es verschmähen, irgend etwas von jemandem zu nehmen, ohne ein Gleiches zu bieten. Männern, die sich gepflegt ausdrücken und den Frauen gegenüber Kavaliere sind, dankbar und großzügig. Du wurdest nach den beiden feinsten und edelsten Gentlemen, die ich je gekannt habe genannt. Sieh zu, daß Du die Erinnerung an sie nicht schändest. Komme nicht zurück, bevor Du nicht gelernt hast, Deine Mutter nicht zu beleidigen und zu beschämen. Wenn Du Deine Vorstellungen und Ziele im Leben geändert hast, wirst Du Deine Mutter finden wie sie Dich willkommen heißt, sei es in dieser Welt oder in der nächsten – die Dich liebt und sich nach Deiner Liebe sehnt. Der Herr wache über mich und Dich, während wir voneinander getrennt sind. Deine immer noch hoffende und immer betende Mutter – Grace Hall».[11] Das Verhältnis Hemingways zu seiner Mutter sollte lebenslang gespannt bleiben, obwohl er ihr weiter regelmäßig schrieb und sie später auch finanziell unterstützte. Als er einmal gefragt wurde, warum er so wenig über Amerika geschrieben habe, ließ Hemingway sich zu der Bemerkung hinreißen, daß er dann ja über seine Mutter hätte schreiben müssen.[12] Als Grace 1951 starb, kam Hemingway nicht zu ihrem Begräbnis nach Oak Park.

«Du kennst mich zu gut»: Hadley Richardson

Im Herbst 1920 nahm Hemingway Abschied von Toronto und zog nach Chicago. Nach anfänglichen Schwierigkeiten fand er eine Stellung als Polizei-Reporter bei der «Chicago Tribune», bevor er schließlich einen redaktionellen Posten bei einer Monatszeitschrift erhielt, die einem Finanzspekulanten gehörte. Zwar mußte Hemingway große Teile des Blattes völlig allein schreiben, aber die Stellung ließ ihm genug Zeit für seine schriftstellerische Arbeit, und, wichtiger noch, er fand Zugang zu literarisch Gleichgesinnten. Chicago war damals Zentrum eines neuen Realismus in der Literatur, der mit Namen wie Theodore Dreiser, Sinclair Lewis, Vachel Lindsay und Carl Sandburg verbunden war. Ein Freund Hemingways hatte die Wohnung einer Kunstmäzenin, die sich für längere Zeit in Europa aufhielt, in der 63 East Division Street gemietet und stellte einigen seiner Freunde, darunter auch Hemingway, die ungenutzten Zimmer zur Verfügung. In «The Club», wie die Wohnung nur genannt wurde, diskutierte man erregt die neuesten Kunsttheorien und unterhielt sich über Wesen und Ziel der modernen Literatur. *Was ein Schriftsteller ausdrücken will, muß der Leser sehen, fühlen, riechen, hören können*, erklärte Hemingway.[13] Schützenhilfe erhielt er, als Sherwood Anderson zu Besuch kam. Anderson, dessen Kurzgeschichten-Band «Wines-

Sherwood Anderson

1876 Geboren in Camden, Ohio
1898 Soldat im spanisch-amerikanischen Krieg (Kuba)
1900 Arbeit als Werbetexter in Chicago
1906 Geschäftskarriere, nebenbei Schriftstellerei
1912 Nervenzusammenbruch, trifft in Chicago auf Sandburg und andere Vertreter der «Chicago Renaissance»
1916 «Windy McPherson's Son»
1919 «Winesburg, Ohio»
1920 «Der arme Weiße»
1921 Europareise, lernt Hemingway, Stein, Joyce kennen
1925 «Dunkles Lachen», Begegnung mit Faulkner
1926 «Tar: A Midwestern Childhood»
1927 Zeitungsverleger
1929 Engagement für Sozialismus und Pazifismus
1933 «Death in the Woods»
1941 Stirbt in Colón, Panama

burg, Ohio» gerade herausgekommen war und der mit seiner klaren, knappen realistischen Schreibweise als Begründer der «Chicagoer Schule» galt, wurde zum Förderer und Freund Hemingways und sollte dessen Stil tief beeinflussen. Hemingway hatte in Oak Park meist britische Literatur gelesen – Scott, Dickens, Defoe, Kipling. Anderson machte ihn darauf aufmerksam, daß es auch amerikanische Schriftsteller wie Walt Whitman, Mark Twain und zeitgenössische Autoren wie Dreiser, Floyd Dell oder H. L. Mencken gab, die es mit den britischen Helden von Grace Hall Hemingway durchaus aufnehmen konnten.

Auch privat passierte Entscheidendes. Ebenfalls im Herbst 1920 war eine junge Dame aus St. Louis in Missouri zu einer Freundin auf Besuch nach Chicago gekommen. Ihr Name war Hadley Richardson. Sie war neunundzwanzig Jahre alt, hatte kastanienbraunes Haar und eine große, anmutige Gestalt. Aus einem Treuhandvermögen bezog sie 3000 Dollar im Jahr. Auf einer Party lernte sie Hemingway kennen, und beide verliebten sich ineinander, auch wenn sie zunächst so taten, als wenn nichts wäre. Als Hadley sich vorwagte und beim Abschied vertraut zu Ernest sagte, sie habe das Gefühl, ihn immer schon gekannt zu haben, ließ Hemingway sie sogar mit der verletzenden Bemerkung *Du kennst mich zu gut* wieder nach St. Louis zurückfahren. Aber schon im Dezember schrieb er: *Ich liebe Dich immer. Wenn ich morgens aufwache und aufstehen muß und die lachende Sonne mich blendet, schaue ich auf Dein Bild und denke an Dich. Und das ist eine Tageszeit, zu der einem alles ziemlich nahegeht, und ein guter Test, ob man jemanden liebt. Und abends ist es kaum zu ertragen.*[14] Am 3. September 1921 heirateten Elizabeth Hadley Richardson und der acht Jahre jüngere Ernest Miller Hemingway in der Dorfkirche von Horton Bay in Michigan. Die Flitterwochen verbrachten sie im Sommerhaus der Familie.

Am 16. Januar 1919 hatte der amerikanische Kongreß ein Gesetz verabschiedet, das die Herstellung, die Lagerung und den Ausschank von Alkohol verbot, ein Jahr später trat die «Prohibition» in Kraft. Doch sie erreichte das Gegenteil dessen, was mit ihr bezweckt worden war. Die großen Städte des Ostens, New York, Chicago, Boston, Philadelphia, wurden von einer beispiellosen Welle illegaler Aktivitäten heimgesucht. Es war ein offenes Geheimnis, daß Gangster mit dem Betrieb illegaler Kneipen, Glücksspiel und

Carol, Ursula, das Brautpaar Hadley und Ernest, Grace Hall, Leicester, Dr. Clarence Hemingway, 3. September 1921

Prostitution ein Vermögen verdienten. Die Staatsorgane erwiesen sich als unfähig, das organisierte Verbrechen einzudämmen, wenn sie nicht sowieso bestochen waren. Schon 1906 hatte Upton Sinclair in seinem Roman «Der Dschungel», der die menschenunwürdigen Zustände und die Ausbeutung durch rücksichtslose Geschäftemacher in den Schlachthöfen von Chicago schilderte, die Verquickungen von korrupter Stadtregierung und der sogenannten anständigen Gesellschaft angeprangert. Eineinhalb Jahrzehnte später hatte sich daran wenig geändert. Es war eine Ära des krassen Materialismus und der puritanischen Heuchelei, die all dies nicht wahrhaben wollte. Marathontänzer und Gangster waren die Helden des Tages. Nur zu bald sollten sich skrupellose Verbrecher wie Al Capone daran machen, die Herrschaft über die Stadt zu übernehmen – Chicago war beileibe nicht der Ort, den Hadley sich als Lebensmittelpunkt für eine Familie vorstellte. Und auch Hemingway war nicht glücklich mit seinem Leben in der Stadt. Es stellte sich heraus, daß das Blatt, für das er arbeitete, von einem Betrüger und skrupellosen Geschäftemacher geleitet wurde, und nach seiner Begegnung mit Europa störte ihn die letztlich doch provinzielle, amusische Atmosphäre Chicagos.

Als Sherwood Anderson im November von seinem ersten Besuch in Paris zurückkehrte und voller Enthusiasmus von dem freien Leben und der künstlerisch anregenden Atmosphäre in der europäischen Metropole berichtete, stand für Hadley und Ernest der Entschluß fest: Sie würden nach Europa gehen. In Toronto überredete Hemingway den Leitenden Redakteur des «Toronto Star» ihm die europäische Berichterstattung zu übertragen. Er würde als freier Korrespondent arbeiten, ohne festes Gehalt, aber nach den regulären Honorarsätzen für jeden gedruckten Beitrag und unter Deckung seiner Spesen. Worüber er schreiben wollte und wo er wohnen würde, stand ihm frei. Aufgrund der Abwertung des Franc gegenüber dem Dollar konnten er und Hadley, so rechnete Hemingway sich aus, in Paris selbst mit bescheidenen Einkünften ein recht gutes Auskommen finden.

«Paris – ein Fest fürs Leben»

Im Dezember 1921 schifften Ernest und Hadley sich auf der «Leopoldina» nach Frankreich ein. Im Gepäck hatte Hemingway eine Reihe von Empfehlungsbriefen, darunter an Gertrude Stein, Ezra Pound und Lewis Galantière von der Internationalen Handelskammer in Paris. Stein, eine wohlhabende Amerikanerin deutsch-jüdischer Herkunft, die selbst literarisch ambitioniert war, lebte seit 1903 in der französischen Hauptstadt. Ihre literarische Bedeutung wurde jedoch bei weitem von ihrer Rolle bei der Förderung junger, aufstrebender Künstler und Dichter übertroffen, die sich in ihrem Salon in der 27, rue de Fleurus trafen. Durch sie sollte Hemingway die Avantgarde der europäischen und amerikanischen Moderne kennenlernen: Jean Cocteau, James Joyce, Janet Flanner, Ezra Pound, Malcolm Cowley, Archibald McLeish, John Dos Passos, F. Scott Fitzgerald, die Maler Pablo Picasso, Juan Gris, André Masson und Joan Miró. Gertrude Stein war es auch, die für die jungen Künstler, die sich bei ihr trafen, den Ausdruck «verlorene Generation» prägen sollte. Wie Hemingway später in *Paris – ein Fest fürs Leben* berichtete, stieß sie in der Autowerkstatt, in der sie ihren Ford T reparieren ließ, auf den Ausdruck, als sich der Meister über einen seiner Monteure aufregte und ihn und seine lebenslustigen jungen Freunde wütend als eine «génération perdue» bezeichnete.[15] Tatsächlich meinte Stein damit jedoch jene hedonistische Bohème, die sich auf dem Montparnasse in Cafés wie dem «Rotonde», dem «Deux Magots» und anderen zusammenfand und ziellos durch die Nachkriegszeit treiben ließ.

«Das erste, was nach unserer Rückkehr in Paris geschah, war das Erscheinen Hemingways. […] Er war ein außerordentlich hübscher junger Mensch und dreiundzwanzig Jahre alt, […] ziemlich fremdländisch aussehend, mit eher leidenschaftlich interessierten als interessanten Augen.»
Gertrude Stein: Autobiographie von Alice B. Toklas

Bei Hemingway selbst war von solcher Verlorenheit jedoch vorerst nichts zu bemerken. Im Gegenteil, mit weltmännischer Großspurigkeit berichtete er nach Toronto: *Man hat Greenwich*

Das Café du Dôme, ein Treffpunkt der Bohème

Village in New York abgeschäumt und das Dickste löffelweise in Paris abgesetzt, in der Gegend des Café «Rotonde». […] Sie können hier alles mögliche treffen, nur keine wirklichen Künstler. (*Amerikanische Bohème in Paris*, 49 D, S. 17 f.) Hemingway hatte nur ein Ziel: Schreiben, Schreiben und noch einmal Schreiben. Bei den Steins hatte er die impressionistische und kubistische Malerei kennengelernt, denn Leo Stein, der Bruder von Gertrude, war kenntnisreicher Kunstsammler. In seiner Wohnung und der seiner Schwester hingen Bilder von Picasso, Matisse, Cézanne, Braque. Hemingway war begeistert. Wie Cézanne malte, so reduziert, luzide und doch das Wesentliche einfangend, so wolle er schreiben, sagte er.

Gertrude Stein und Ezra Pound, der Hemingways anderer Mentor und ein enger Freund werden sollte, bis seine antisemitischen und faschistischen Neigungen die Freundschaft unmöglich machten, lehrten Hemingway die Kunst des Weglassens. «Ernest, diese Geschichte enthält viele Bemerkungen, Bemerkungen sind keine Literatur», mit diesen Worten gab ihm Gertrude Stein einmal seine Arbeiten zurück.[16] Ihre Kritik war in der Regel eher allgemein gehalten, aber konstruktiv und oft auch sehr scharf. Ezra Pound dagegen las jede der Geschichten Hemingways und gab sie ihm mit detaillierten Anmerkungen und praktischen Verbesserungsvorschlägen zurück. Als Dank erhielt er Boxunterricht. In der Tat scheint fast jeder von Hemingways Freunden während seiner Pariser Zeit früher oder später zum Boxen eingeladen worden zu sein, mit Ausnahme der Frauen, der Unsportlichen wie Ford Madox Ford oder der beinahe Blinden wie James Joyce. Das Trauma der Kindheit verließ Hemingway nicht, er wollte – mußte – ein richtiger Mann sein, kein verweichlichter Intellektueller. Auch äußerlich gab Hemingway sich proletarisch, trat mit Baskenmütze und grober Kleidung auf, um sich von der Schickeria der Cafészene und der amerikanischen Literatenbohème abzusetzen. Schreiben, das war Arbeit und nicht Provokation wie bei den Dadaisten oder Surrealisten. *Alles, was du tun mußt, ist einen wahren Satz zu schreiben*, sollte er später über diese Zeit urteilen. *Schreib den wahrsten Satz, den du weißt. So schrieb ich schließlich einen wahren Satz hin, und von da aus machte ich weiter. Damals war das leicht, denn*

Gertrude Stein und ihre Lebensgefährtin Alice. B. Toklas in der 27, rue de Fleurus

es gab immer einen wahren Satz, den ich wußte oder den ich gelesen hatte oder den ich jemand hatte sagen hören. [...] Wenn ich gut gearbeitet hatte – und dazu brauchte man Glück sowohl wie Disziplin –, war es ein wunderbares Gefühl: die Treppe hinunterzugehen, und dann war ich frei und konnte irgendwo in Paris umherwandern. (P, S. 200)

Anderson hatte Hemingway in Chicago mit der amerikanischen Literatur vertraut gemacht. Jetzt entdeckte Hemingway die Europäer: *Ich borgte mir Bücher aus der Leihbibliothek von Shakespeare and Company; das war die Bibliothek und der Buchladen von Sylvia Beach in der Rue de l'Odeon 12. Auf einer kalten, vom Sturm gepeitschten Straße war hier im Winter ein warmer, behaglicher Ort, mit einem großen Ofen, mit Tischen und Regalen voller Bücher, mit Neuerscheinungen im Fenster und Fotografien berühmter Schriftsteller, sowohl toter wie lebender, an der Wand. [...] Ich begann mit Turgenjew und nahm die beiden Bücher der «Aufzeichnungen eines Jägers» und ein frühes Buch von D. H. Lawrence – ich glaube, es war «Söhne und Liebhaber» –, und Sylvia sagte zu mir, ich könnte mehr Bücher nehmen, wenn ich wollte. Ich wählte die Constance Garnettsche Ausgabe von «Krieg und Frieden» und «Der Spieler und andere Geschichten» von Dostojewski.* (P, S. 211 f.) Anderson war es auch, der Hemingway seine erste literarische Veröffentlichung beschaffte, eine satirische Fabel und vier Verszeilen in dem in New Orleans erscheinenden «Double Dealer». Dann, 1923, kam der erste kleine Durchbruch. Arbeiten von Hemingway erschienen in der «Little Review», die Andersons Frau Margaret mit Jane Heap herausgab, und in Harriet Monroes «Poetry». Auch das Berliner Avantgardemagazin «Der Querschnitt» akzeptierte Stücke von ihm. Außerdem kam Hemingway in Kontakt mit amerikanischen Gentleman-Verlegern und Mäzenen wie Harry Crosby, Robert McAlmon oder William Bird, die schöne Drucke in kleinen Auflagen herstellen ließen. Im August 1923, kurz nach Hemingways vierundzwanzigstem Geburtstag, brachte McAlmon Hemingways *Three Stories and Ten Poems* in 300 Exemplaren heraus, vier Monate später ließ Bird *in our time* – Hemingways erste Sammlung von Kurzgeschichten und Skizzen – in einer Auflage von 170 Exemplaren drucken, die erweitert und nun mit großen Anfangsbuchstaben im Titel als *In Our Time* noch einmal 1925 bei Boni & Liveright erschien.

Die ersten Veröffentlichungen brachten jedoch mehr Ruhm als Geld. Zwar hatte Gertrude Stein Hemingway geraten, den Journalismus aufzugeben, aber Europa befand sich im Umbruch, und die Herausgeber des «Toronto Star» erinnerten Hemingway daran, warum er in Europa war. In Italien war Mussolini auf dem Marsch nach Rom, Kemal Atatürk vertrieb die Griechen aus Kleinasien, und im Januar 1923 beherrschte Frankreich mit der Besetzung des Ruhrgebiets die Schlagzeilen. Fast an allen Brennpunkten

Hemingways Reisepaß vom 20. Dezember 1923

europäischer Politik war Hemingway dabei, wenn auch mit einer gehörigen Portion politischer Naivität – so entging ihm, während er auf dem Wirtschaftsgipfel von Genua war, die Bedeutung des parallel im 25 Kilometer entfernten Rapallo stattfindenden, wesentlich wichtigeren Treffens zwischen Deutschland und der Sowjetunion. Dennoch, mit scharfzüngiger Eleganz entlarvte Hemingway in seinen Berichten an den «Star» das Balzverhalten der Politiker und Staatsmänner der Zeit. Sein humorvoll-bissiger Kommentar zur Genueser Konferenz: *In der Halle ist es jetzt laut wie bei einer Teeparty. Die Pressegalerie ist voll. Es gibt hier nur zweihundert Sitzplätze. Da siebenhundertfünfzig Anträge auf Zulassung vorliegen, sitzen manche der Spätgekommenen auf dem Fußboden. Wenn die Halle fast voll ist, erscheinen die Briten. Sie sind im Auto gekommen, am Spalier der Soldaten vorbei, und treten schwungvoll ein. Sie sind die bestgekleidete*

Delegation. Sir Charles Blair Gordon, der Chef der kanadischen Delegation, hat ein rotes Gesicht, ist blond und fühlt sich nicht ganz wohl. Sein Platz ist vier Stühle links von Lloyd George. Walter Rathenau hat das Gesicht eines Wissenschaftlers und den kahlsten Kopf auf der ganzen Konferenz; er erscheint zusammen mit Dr. Wirth, dem deutschen Reichskanzler, der aussieht, als blase er die Tuba in einer deutschen Militärkapelle. (*Die Konferenz von Genua*, 49 D., S. 24)

Ernest Hemingway mokierte sich genüßlich über Mussolini, den er zynisch den größten Bluff in Europa nannte, warnte aber gleichzeitig aus Italien vor dem aufkommenden Faschismus, zu einem Zeitpunkt, an dem er von den europäischen Mächten noch als harmlos abgetan wurde. Er eilte nach Mazedonien, wo die griechische Zivilbevölkerung vor den Türken flüchtete, und erlebte Szenen, wie er sie selbst an der italienischen Front im Ersten Weltkrieg nicht gesehen hatte. Journalistisch sollten Prägnanz und realistische Anschaulichkeit dieser frühen Berichte Hemingways unübertroffen bleiben. *ADRIANOPEL. – Die Straßen von Mazedonien sind von den endlosen, taumelnden Zügen der christlichen Bevölkerung Ost-Thraziens blockiert. Die Hauptgruppe, die bei Adrianopel über die Maritza geht, ist 35 Kilometer lang. 35 Kilometer Karren, gezogen von Kühen, Ochsen, schlammbedeckten Wasserbüffeln, und Männer, Weiber und Kinder wanken neben ihrer Habe durch den Regen, die Decken über den Kopf gezogen, blind, erschöpft. Das flache Land läßt die Hauptkolonne immer länger werden. Sie wissen nicht, wohin sie gehen. Sie haben ihre Höfe und Dörfer und reifen braunen Felder verlassen, als sie hörten, daß die Türken kommen, und haben sich der großen Flucht angeschlossen. Jetzt heißt es nur noch Schritt halten in der grausigen Prozession, die von dreckbespritzter griechischer Kavallerie angepeitscht wird wie eine Rinderherde von ihren Treibern.*

Es ist ein schweigsamer Zug. Nicht einmal ein Stöhnen. Alles, was sie tun können, ist, in Gang bleiben. Ihre bunten Bauerntrachten sind naß von Schmutz. Hühner sind mit den Beinen an den Karren aufgehängt. Kälber beschnüffeln die Zugrinder, wann immer der Marsch stockt. Ein alter Mann geht gebückt unter einem Ferkel, einer Flinte und einer Sense; an der Sense hängt ein Huhn. Ein Mann breitet eine Decke über seine Frau, die im Karren liegt und in den Wehen ist, um sie vor dem Regen zu schützen. Sie ist der einzige Mensch, der einen Laut von sich gibt. Ihre kleine Tochter schaut sie entsetzt an und fängt an zu weinen. Und der

Hemingway in den zwanziger Jahren, fotografiert von Man Ray

Zug zieht weiter. (*Die Flucht aus Thrazien*, 49 D, S. 36) In Reportagen wie dieser, deren erklärtes Vorbild Goyas «Desastres de la Guerra» waren, fand Hemingway ein Experimentierfeld, um die besondere Diktion, die indirekte Rede, die sprunghaften Verkürzungen weiterzuentwickeln, die nur vier Jahre später seinem Roman *Fiesta* seine unverwechselbare, eigenwillige Spannung geben sollten.

Interessant ist auch, wie Hemingway einen Teil seiner Berichte aus der Zeit für den «Toronto Star» für die Veröffentlichung als Vignetten in dem Bändchen *In unserer Zeit* noch einmal verknappte. So heißt es dort über die thrakische Flüchtlingstragödie: *Über die schlammigen Niederungen hinweg ragten im Regen die Minaretts Adrianopels. Dreißig Meilen weit standen die Karren eingekeilt auf der*

Straße nach Karagatsch. Wasserbüffel und Rinder zogen Karren durch den Schlamm, kein Ende und kein Anfang. Nichts als Karren, mit allem, was sie besaßen. Durchnäßte alte Männer und Frauen gingen hin und her und trieben das Vieh an. Die Maritza floß gelb beinahe in Höhe der Brücke. Karren waren auf der Brücke festgefahren, und Kamele bewegten sich schlingernd zwischen ihnen hindurch. Griechische Kavallerie trieb den langen Zug vorwärts. Frauen und Kinder lagen zwischen Matratzen, Spiegeln, Nähmaschinen und Bündeln auf den Karren. Eine Frau bekam ein Kind, während ein junges Mädchen eine Decke über sie hielt und weinte. Ganz krank vor Grauen vom Hinsehen. Es regnete während der ganzen Evakuierung. («II», IuZ, S. 91) Die meisten Adjektive des ursprünglichen Textes sind hier gestrichen, die Geschehnisse auf das Notwendigste reduziert und komprimiert. Der direkte Appell an die Gefühle des Lesers in der Zeitungsversion ist der objektiven Beschreibung sinnlich erfahrbarer Eindrücke gewichen, die jetzt um so mehr die eigenen Gefühle auf den Leser zurückwerfen. Deutlich zeichnet sich hier auch der sprachliche Minimalismus ab, der Form und Stil der Kurzgeschichten Hemingways unverwechselbar machen sollte, jene sprachliche Ökonomie, die dem Telegrammstil der Korrespondenten ähnelt, bei dem jedes überflüssige Wort weggelassen wurde, um Kosten beim Telegraphieren zu sparen.

Gleichzeitig ist dies ein Hinweis darauf, wie vorsichtig jeder Biograph sein muß, Hemingways Berichte mit seinem Leben direkt in eins zu setzen. Zwar ist seit Sigmund Freud nicht mehr zu bezweifeln, daß jedes dichterisches Werk auch Selbsttherapie ist, daß es immer die unbewußten Konflikte, Wünsche und Ängste seines Autors widerspiegelt und so direkt auf ihn zurückverweist. Wie es das tut, ist jedoch Teil eines hochkomplexen Prozesses, in dem die bewußte Bearbeitung sich immer auch wieder vor das unbewußte biographische Material schiebt. Zwar gehört es zu dem Schriftsteller Hemingway, daß er selbst wiederholt betont hat, daß sein Werk biographisch sei. So unterstrich er die Rolle des Unbewußten für das Schreiben, indem er das literarische Werk mit der Spitze eines Eisbergs verglich, der zu sieben Achteln unter Wasser liege[17], und zu dem Schriftsteller Irving Stone bemerkte er 1934, daß es so etwas wie freie Imagination in seinen Werken nicht gäbe, seine Romane könnte man eher «biographische Romane» nennen als fiktionale Romane, weil sei aus «gelebter Erfahrung» entstanden seien.[18] Aber dies ist ebenso als Teil der von Hemingway eifrig betriebenen Legendenbildung und Selbstmythifizierung seiner Person zu werten, wie es dem Umstand nur unzureichend Rechnung trägt, daß in Hemingways Werk eine Tendenz zur Aufspaltung in Teil-Ichs zu beobachten ist, die jeweils verschiedene Aspekte eines Problems oder Verhaltens herausarbeiten.

Ernest Hemingways Hoffnungen, in Paris Journalismus und literarisches Schreiben produktiv verbinden zu können, gingen nicht in Erfüllung. Was er durch seine Depeschen verdiente, deckte gerade die dringendsten Lebenshaltungskosten für ihn und Hadley. Dazu kam ein weiterer Rückschlag. Als Hadley nach Lausanne kommen wollte, wo Hemingway von der internationalen Konferenz berichtete, die den türkisch-griechischen Konflikt beilegen sollte, wurde ihr im Gare de Lyon ein Koffer gestohlen, in dem sich ein angefangener Roman und die Manuskripte fast aller Geschichten befanden, die Hemingway in den letzten Jahren geschrieben hatte. Er mußte wieder von vorn anfangen. Im Sommer 1923 machte ihm Hadley die freudige Mitteilung, daß sie schwanger war. Aber Hemingway fühlte sich noch zu jung, um Vater zu sein, und außerstande, eine Familie vernünftig zu ernähren. Das Paar beschloß, nach Amerika zurückzukehren, wo Hemingway sich bessere Verdienstmöglichkeiten erhoffte. Ein Jahr lang, so sein Plan, wollte er für diverse Zeitungen rund um die Uhr arbeiten und genug Geld verdienen, um den Journalismus aufzugeben und sich als freier Schriftsteller in Paris niederzulassen. Außerdem sollte sein Kind auf amerikanischem Boden geboren werden.

Sein Plan ging auf. Zwar wurden es nicht die USA, sondern das kanadische Toronto, aber fünf Monate später, am 29. Januar 1924 waren Hadley und er in Paris zurück. Bei ihnen war der zwölf Wochen alte John Hadley Nicanor Hemingway, später auch bekannt als «Bumby». «Nicanor», weil Hemingway im Sommer erstmals aus Neugier in Spanien gewesen war und in Madrid seine erste «corrida» mit dem berühmten Matador Nicanor Villalta erlebt hatte. Im Juli fuhr er dann auf Anraten von Gertrude Stein noch einmal nach Pamplona zur Fiesta de San Fermín. Dies war der Beginn von Hemingways lebenslanger Stierkampfbegeisterung. In der Nummer 113, rue Notre-Dame-des-Champs fand die kleine Familie eine Wohnung – über einem Holzlagerplatz und einem Sägewerk. Indes, die finanzielle Situation der Hemingways blieb weiter angespannt, so hart Hemingway auch arbeitete. Entlastung kam auch nicht, als der angesehene britische Romancier und Lyriker Ford Madox Ford, der 1923 die Zeitschrift «transatlantic review» gegründet hatte, Hemingway den Posten des stellvertretenden Redakteurs anbot. Aber Hemingway hatte erreicht, was er wollte, er war jetzt Teil der literarischen Vorhut seiner Zeit. Er konnte Gertrude Stein einen Teil des Dankes, den er ihr für ihre Hilfe schuldete, zurückzahlen, indem er ihr Werk «The Making of Americans» in Fortsetzungen in der «transatlantic review» druckte. Obwohl die «review» eigentlich die internationale Avantgarde widerspiegeln sollte, machte Hemingway sie zu einem Sprachrohr der amerikanischen Moderne. Auch eigene Arbeiten brachte er unter. Gemeinsam mit James Joyce veröffentlichte er unter der Rubrik «Work in Progress» dessen allmählich entstehenden Roman «Finnegans Wake» und seine eigene Kurzgeschichte *Indianerlager.*

Kaum hatte Hemingway so die erste Stufe der Leiter zum Erfolg erklommen, kam in ihm ein Zug zum Durchbruch, mit dem Freunde und Gönner im Laufe seines Lebens immer wieder konfrontiert werden sollten und der schließlich zur Trennung von der «transatlantic review» und von Ford Madox Ford führte. Es war die Neigung, sich abrupt und bösartig von ihnen abzuwenden, ja aus Freundschaft sogar Feindschaft werden zu lassen. Als erster bekam Sherwood Anderson diesen tückischen Charakterzug seines Schützlings zu spüren, der auf die hohe narzißtische Verletzlichkeit Hemingways hinweist, seine Angst, zu abhängig und damit verletzbar zu werden. Es geschah, als sich 1925 endlich der langersehnte Durchbruch anbahnte. Anderson hatte Boni & Liveright, den Verlag, bei dem er selbst veröffentlichte, dazu bewegt, Hemingways Kurzgeschichten aus *in our time* zur Publikation anzunehmen, erweitert um einige Miniaturen, die kontrapunktisch den zeitlichen Hintergrund der Erzählungen illustrierten, und zehn weitere Kurzgeschichten – u. a. *Indianerlager* und *Großer doppelherziger Strom.* Dazu wollte sich der Verlag die Option auf die nächsten drei Bücher Hemingways sichern. Hemingway nahm sofort an. Fast gleichzeitig hatte der amerikanische Literaturkritiker Edmund

Wilson jedoch F. Scott Fitzgerald die beiden Pariser Bändchen Hemingways gezeigt. Fitzgerald, der mit seinem Roman «Der große Gatsby» bereits auf sich aufmerksam gemacht hatte, empfahl Hemingway begeistert seinem Freund Max Perkins, Lektor beim angesehenen New Yorker Verlag Charles Scribner's Sons. Plötzlich hatte Hemingway das Interesse zweier Verleger auf sich gezogen. Anstatt Boni & Liveright seinen fast fertiggestellten ersten Roman *Fiesta* anzubieten, den er nur noch einmal überarbeiten mußte, schrieb Hemingway in acht Wochen eine kaum verhüllte Parodie auf Anderson, in der er sich auch über Gertrude Stein lustig machte und die er nach Turgenjew *Sturmfluten des Frühlings* nannte. Jetzt, endlich, war er die Kränkung los, daß sein Stil wieder und wieder mit dem von Anderson verglichen wurde. Als Hausverlag von Anderson lehnte Boni & Liveright ab. Scribner's dagegen nahm an, um sich die Rechte an *Fiesta* zu sichern. Privat hatte Hemingway Gertrude Stein und Sherwood Anderson als Freunde verloren, aber dafür Scott Fitzgerald gewonnen, mit dem ihn bald eine schwierige, aber viele Jahre dauernde Freundschaft verband: *Ich sah ihn selten, wenn er nüchtern war, aber wenn er nüchtern war, war er immer angenehm, und er machte immer noch Witze, und manchmal machte er sich auch noch über sich selbst lustig. Aber wenn er betrunken war, kam er gewöhnlich, um mich aufzusuchen, und wenn er betrunken war, machte es ihm beinahe ebensoviel Vergnügen, mich bei der Arbeit zu stören, wie es Zelda machte, ihn bei seiner zu stören. Das ging jahrelang so, aber auch jahrelang hatte ich keinen loyaleren Freund als Scott, wenn er nüchtern war.* (P, S. 294)

F. Scott Fitzgerald

1896 geboren in St. Paul, Minnesota
1913 Studium in Princeton
1918 Lernt Zelda Sayre kennen. Heirat 1920
1919 Arbeit als Werbetexter in New York
1920 «This Side of Paradise», «Flappers and Philosophers»
1921 Europareise
1922 «The Beautiful and Damned», «Tales of the Jazz Age»
1924 Aufenthalte in Frankreich und Italien
1925 «Der große Gatsby»
1934 «Zärtlich ist die Nacht»
1935 Nervenzusammenbruch, «The Crack-up» (1945 veröff.)
1936 Suizidversuch, geht 1937 nach Hollywood
1939 Arbeit an «Der letzte Tycoon» (1941 veröff.)
1940 Tod durch Herzinfarkt in Hollywood

«Der älteste Trick, den es gibt»: Pauline Pfeiffer

Die Ehe der Fitzgeralds mochte von Ausschweifungen und übermäßigem Alkoholkonsum gekennzeichnet gewesen sein, aber sie hielt. Bei den Hemingways dagegen zogen Sturmwolken auf. Im März 1924 schrieb Hemingway resigniert an Ezra Pound: *Wir haben das Leben mit einem Baby erprobt usw. Hadley ziemlich lange krank im Bett, ich ein paar Tage, das Baby schreit usw. Habe versucht zu schreiben, es aber nicht geschafft. Habe ein paar Erzählungen in Cafés geschrieben und hier und da.*[19] Das Leben in verhältnismäßiger Armut fing an, sich auf die Beziehung von Hadley und Ernest auszuwirken. Hadleys kleine Erbschaft, noch dazu durch einen Freund unsachgemäß verwaltet und dezimiert, schmolz zusehends dahin, und bei Hemingway lagen die Nerven bloß. Von Zeit zu Zeit kam eine Bekannte von Hadley bei den Hemingways vorbei, die ebenfalls in St. Louis zur Schule gegangen war. Sie hieß Pauline Pfeiffer, hatte Journalismus studiert und stammte aus einer wohlhabenden Familie. Mit weiblichem Spürsinn sah Pauline sofort, daß Hemingway in seiner Situation nur darauf wartete, erobert zu werden. Und in der Tat, Hemingway fühlte sich begehrt und umschmeichelt von der vier Jahre älteren Frau, die als Modekorrespondentin für die Pariser Redaktion der «Vogue» arbeitete, die Geld besaß und nicht nur wie eines ihrer eigenen Mannequins aussah, sondern gelegentlich auch selbst als Model arbeitete. Zudem tauchte Pauline in Begleitung ihrer Schwester Jinny auf, die dem eigenen Geschlecht zugetan war. So sehr Hemingway sich von homosexuellen Männern abgestoßen fühlte, so sehr war er sein Leben lang fasziniert von lesbischen Frauen – Gertrude Stein, Janet Flanner, Sylvia Beach, Djuna Barnes, Margaret Anderson.

Bald hatte Hemingway mit Pauline ein Verhältnis. Hadley litt und hoffte, daß dies alles nur eine vorübergehende Erscheinung sei. Hemingway hatte ein schlechtes Gewissen, versuchte sich eher als Opfer, denn als Täter zu sehen – was ihn jedoch nicht davon abhielt, im Sommer in Antibes in einer Art «ménage à trois» mit bei-

Pauline Pfeiffer als Model für «Vogue», 1918

den Frauen mehr oder weniger bekleidet in einem Bett zu frühstücken und vor den Augen Hadleys mit Pauline nackt schwimmen zu gehen. Drei Jahrzehnte später sollte er über die seltsame, vor allem für Hadley schmerzliche Konstellation, die sich aus seinem allmählichen Abrücken von ihr ergab, notieren: *Ehe diese Reichen gekommen waren, hatte sich bereits eine andere Reiche bei uns eingenistet, die den ältesten Trick benutzte, den es gibt, nämlich daß eine unverheiratete junge Frau die zeitweilig beste Freundin einer verheirateten jungen Frau wird und mit dem Mann und der Frau zusammen lebt und sich dann nichtswissend, unschuldig und erbarmungslos anschickt, den Mann zu heiraten. Ist der Ehemann ein Schriftsteller und mit einer schwierigen Arbeit beschäftigt, so daß er die meiste Zeit in Anspruch genommen ist und einen großen Teil des Tages seiner Frau kein guter Kamerad oder Partner sein kann, hat das Arrangement seine Vorteile, bis man merkt, wie es sich auswirkt. Der Ehemann hat zwei anziehende weibliche Wesen um sich, wenn er mit seiner Arbeit fertig ist. Eine ist neu und fremd, und wenn er Pech hat, liebt er plötzlich beide.* (P, S. 309)

Im Oktober gestand Hemingway Hadley seine Liebe zu Pauline Pfeiffer. Noch immer nicht an die Ernsthaftigkeit der Beziehung glaubend, bot Hadley ihm die Scheidung an, wenn er und Pauline bereit wären, sich für hundert Tage zu trennen und so ihre Liebe auf die Probe zu stellen. Hemingway zog daraufhin in die Wohnung von Gerald und Sara Murphy, einem befreundeten wohlhabenden Ehepaar, das einen Großteil des Jahres in Südfrankreich lebte, und Pauline kehrte in die Vereinigten Staaten zurück. Es ist wohl dem schlechten Gewissen Hemingways zuzurechnen, daß er im Rückblick die Pariser Jahre mit Hadley sentimental zur glücklichen Idylle verklärte. Wie im Vorjahr waren Hadley, Bumby und er Dezember 1924 bis März 1925 noch einmal in Schruns in Österreich gewesen, wo die Murphys, Pauline Pfeiffer und John Dos Passos, den er im Sommer kennengelernt hatte, sie besuchten. Hemingway war dann für einige Wochen zu den Vertragsverhandlungen nach New York gefahren, hatte aber auf der Rückreise noch einen Zwischenstopp in Paris gemacht, um Pauline zu sehen, bevor er nach Österreich zu Hadley und seinem Sohn weiterfuhr. *Als ich meine Frau wiedersah, die neben den Gleisen stand, als der Zug an den aufgestapelten Baumstämmen vorbei in die Station einlief, wünschte ich, ich wäre gestorben, ehe ich eine andere als sie geliebt hätte. Sie lächelte mit der Sonne auf ihrem schönen, wundervoll geschnittenen Gesicht, das von Sonne und Schnee gebräunt war, und auf ihr rotgoldenes Haar, das den ganzen Winter hindurch schön und ungebändigt wuchs, schien die Sonne, und neben ihr stand Mr. Bumby, blond und stämmig und mit Winterbacken wie ein guter Vorarlbergbub. […] Das war das Ende meiner ersten Pariser Zeit. Paris sollte nie wieder dasselbe sein, obwohl es immer Paris war, und man veränderte sich, während es sich veränderte. Wir fuhren nie wieder ins Vorarlberg, und die reichen Leute auch nicht.* (P, S. 310)

«Ihr gehört alle einer verlorenen Generation an»

Aber auch, wenn er privat nicht aufhörte zu betonen, daß er ein Schurke sei, beruflich hatte Hemingway es geschafft. Im Oktober 1926 kam sein erster Roman *Fiesta* unter dem Titel *The Sun Also Rises* in einer Auflage von 6000 Exemplaren heraus. Biographisch geht der Roman auf mehrere Spanienaufenthalte Hemingways in den Jahren 1923 bis 1925 zurück. Schon das erste Mal hatte er nach seiner Rückkehr aus Pamplona begeistert an seinen Freund Bill Horne geschrieben: *Lieber Bill, sind eben erst zurück von der besten Woche, die ich seit der Abteilung verbracht habe – das große Fest von Pamplona – 5 Tage Stierkampf, alle Tage und Nächte Tanz – wunderbare Musik-Trommeln, Rohrflöten, Querpfeifen. […] Wir als einzige Ausländer auf diesem tollen Jahrmarkt. Jeden Morgen werden die Stiere, die am Nachmittag kämpfen sollen, aus dem Gehege am anderen Ende der Stadt herausgelassen und rennen durch die Hauptstraße der Stadt zur Stierkampfarena, und alle jungen Burschen von Pamplona rennen ihnen voraus! – Ein Rennen von anderthalb Meilen – alle Seitenstraßen sind mit großen Holzgattern verbarrikadiert, und die ganze Bande rennt wie der Teufel, und die Stiere hinterher, um sie einzuholen. […] Erinnerst Du Dich noch daran, wie ich eines abends von der Notwendigkeit gesprochen habe, einige Leute zu finden, die einem durch ihr physisches Verhalten ein Gefühl der Bewunderung abringen – nun ich habe sie beim Stierkampf gefunden – Jesus Christus, ja.*[20] Im Juli 1925 brach Hemingway dann mit Hadley und Freunden das dritte Mal zur Fiesta de San Fermín auf. Mit ihm kamen Harold Loeb, Lady Duff Twysden, ihr Verlobter Pat Guthrie, Don Steward und Bill Smith, sein alter Freund aus den Tagen von Oak Park. Von Anfang an gab es Mißstimmung, zunächst in Burguete in den Pyrenäen, wo sie angeln wollten, aber von Holzfällern gestört wurden, dann auch während der Fiesta, die voller Spannungen war und auf der sich bereits ihre beginnende Kommerzialisierung andeutete. Lady Duff, eine hemmungslos trinkende und lebende Verkörperung von dekadentem britischem Schick mit ihren blonden, kurzen Haaren und lebhaften grauen

Pamplona 1925: Hemingway, Harold Loeb,
Lady Duff Twysden, Hadley, Don Steward, Pat Guthrie

Augen, provozierte Rivalitäten zwischen ihrem vorübergehenden Geliebten Loeb und Hemingway, der sich ebenfalls von ihr angezogen fühlte – Symptom seiner immer schneller zerfallenden Beziehung zu Hadley.

In *Fiesta* spiegelten sich diese Spannungen kaum verhüllt in den Hauptpersonen wieder. Aus Lady Duff wurde die schöne, männerverschlingende Lady Ashley Brett, Harold Loeb verwandelte sich in Robert Cohn, den «Tennisfreund» des Helden. Und aus Hemingway selbst wurde Jake Barnes (in den ersten Entwürfen noch «Hem» oder «Ernie»[21]), ein Journalist, der Lady Brett leidenschaftlich liebt, aber durch eine Kriegsverletzung impotent geworden ist. (Letzteres hätte in Zusammenhang mit der sexuellen Freizügigkeit Bretts fast zu Schwierigkeiten mit Scribner's geführt. Da der als ultrakonservativ bekannte Verlag jedoch darauf angewiesen war, neue junge Talente für sich zu gewinnen, beschränkte sich Hemingways Lektor Max Perkins darauf, den Roman von obszönen Ausdrücken zu reinigen. Es war der Beginn der immer wiederkehrenden Schwierigkeiten Hemingways mit seinem Verlag, wenn es um drastische Ausdrücke ging, die Hemingway als authentisch empfand.) Die Helden von *Fiesta* führen mit ihren Freunden in Paris ein von Alkohol und schnellem Vergnügen bestimmtes Leben. Mehr aus gelangweilter Übersättigung beschließen sie, einen Abstecher nach Pamplona zur Fiesta de San Fermín zu machen. Aber statt der gesuchten Unterhaltung finden sie dort Erkenntnis, als ihr entwurzelter Hedonismus des Augenblicks mit den traditionellen Werten Spaniens konfrontiert wird, symbolisiert in dem uralten Ritual des Kampfes von Mensch und Tier in der Stierkampfarena. Im Zentrum dieses Rituals, bei dem es um Leben oder Tod geht, und das für alle Beteiligten zum kathartischen Moment jeweiliger Selbsterkenntnis wird, steht der junge Matador Pedro Romero, dessen Gestalt Hemingway nach dem Stierkämpfer Cayetano Ordóñez, genannt Niño de la Palma, formte, den er im Vorjahr kennengelernt hatte. Lady Brett wird Romero, mit dem sie ein Verhältnis angefangen hat, aufgeben, einsehend, daß sie ihn damit über kurz oder lang zerstören würde. Cohn wird mit seiner Feigheit und Lebensangst konfrontiert, und Barnes sieht die Unmöglichkeit seiner Liebe zu Brett ein, mehr noch, daß er fast zum Verräter an seiner «afición» geworden wäre, als er Romero und Brett zusammenbrachte. Als die Gruppe nach der Fiesta Spanien verläßt, kehren alle zwar wieder in ihr altes Leben zurück, aber sie sind sich für einen Moment ihrer tiefen Sehnsüchte hinter der nonchalanten Fassade ihres hedonistischen Lebens bewußt geworden. Der amerikanische Titel des Romans ist der Bibel entnommen: «Ein Geschlecht vergeht, das andere kommt; die Erde aber bleibet ewiglich. Die Sonne geht auf und geht unter und läuft an ihren Ort, daß sie wieder daselbst aufgehe» (Buch der Prediger, Salomo 1,5). Zusätzlich stellte Hemingway dem Roman den Ausspruch Gertrude Steins voran: «Ihr gehört alle einer verlorenen Generation an». Dennoch war *Fiesta* kein deprimierendes Buch, es feierte das Leben, rief dazu auf, dem Leben so ins Auge zu sehen, wie es war – und zum Leben gehörte, dies sollte für Hemingway Programm werden, auch die Konfrontation mit dem Tod.

Wie schon zuvor bei seiner Parodie *Sturmfluten des Frühlings* führte auch das Erscheinen von *Fiesta* für Ernest Hemingway zum Ende mindestens einer weiteren Freundschaft, als nämlich Harold Loeb sich nur zu sehr in dem Harry Cohn des Romans wiedererkannte. Lady Duffs einziger Einwand war, daß sie nie mit diesem «blöden Stierkämpfer» geschlafen hätte.[22] Aber auch wenn die Pariser Kulturszene aufgeregt tuschelte und die Porträtierten sich von Hemingway abwandten, Kritik und Leserschaft waren begeistert von dem Roman. Die Grundstimmung von *Fiesta* traf einen Nerv. Die Helden des Romans waren alle auf die eine oder andere Weise Opfer des Krieges, Opfer ihrer Zeit. Der Krieg hatte Bretts erste Liebe getötet und Barnes entmannt, und es war der Krieg, der Cohn und Bretts Verlobten Campbell zu dem gemacht hatte, was sie waren, Verlorene in den Wirren einer Zeit, in der sie sich nicht mehr zurechtfanden. Diese Verlorenheit, der müde Zynismus, den Hemingway den Helden seines Romans in den Mund legte, wurde von Millionen junger Menschen der zwanziger Jahre mitempfunden und geteilt. Lady Brett, Hemingways Prototyp der emanzipierten, ihr Schicksal selbst bestimmenden «new woman», wurde in Sprache und Benehmen zum Vorbild einer ganzen Generation von Studentinnen, der Typ des Hemingwayschen Mannes, hart, vom Leben mitgenommen, aber stoisch sein Schicksal ertragend, zum Rollenmodell ihrer männlichen Kommilitonen.

Vor allem aber war *Fiesta* das beredte Zeugnis einer endgültig Gestalt gewordenen Faszination Hemingways selbst, zu der er von nun an immer wieder zurückkehren und die in vielfältiger Weise auch vielen seiner späteren Werke Stoff und Dynamik geben sollte – die Konfrontation mit dem Tod und der kategorische Imperativ, dabei Würde und Anstand selbst noch in einer Niederlage zu bewahren. Psychologisch war es Hemingways eigener innerer Kampf, der hier immer wieder von neuem inszeniert wurde, das Ringen von triebhafter, freiheitlicher Entfaltung und zivilisatorischer Unterdrückung im Namen von Anstand und Moral aus seiner Kindheit. Es ist denn auch eine fast religiös zu nennende Andacht, die er dieser Tragödie von Triebentfaltung und Triebverzicht beilegt.

Schon während der ersten Begegnung von Jake Barnes mit Pedro Romero, dem Objekt des Begehrens von Lady Brett, ist Romero in der einsamen Askese seines Zimmers von einer fast heilig zu nennenden Aura der Reinheit und Unschuld umgeben: *Montoya klopfte an die Tür und öffnete sie. Es war ein düsteres Zimmer; durch das Fenster, das auf die enge Straße ging, fiel nur wenig Licht herein. Es hatte zwei Betten, die durch eine klösterliche Scheidewand getrennt waren. Das elektrische Licht brannte. Der Junge stand sehr gerade und ohne zu lächeln in seinem Stierkämpferanzug da. Seine Jacke hing über einer Stuhllehne. Sie waren gerade dabei, ihm die Schärpe umzuwinden. Sein schwarzes Haar glänzte unter dem elektrischen Licht. Er trug ein weißes Leinenhemd, und der Degenträger befestigte das Ende seiner Schärpe, stand auf und trat einen Schritt zurück. Pedro Romero nickte, er schien mit seinen Gedanken sehr weit weg und machte einen würdigen Eindruck, als er uns die Hand gab. Monroya sagte, daß wir leidenschaftliche aficionados seien und daß wir ihm Glück wünschen wollten. […]*

Umschlag der Erstausgabe von «Fiesta», 1926

Der Junge war neunzehn Jahre alt, allein bis auf seinen Degenträger und die drei Anhänger, und der Stierkampf sollte in zwanzig Minuten losgehen. Er stand da, gerade und gutaussehend und ganz für sich allein, allein in dem Zimmer mit seinen Anhängern, als wir die Tür schlossen.

«Ein feiner Junge, nicht wahr?» fragte Montoya.

«Gut aussehender Kerl», sagte ich.

«Er sieht wie ein Torero aus», sagte Montoya. «Ganz der Typ.»

«Ein feiner Junge»

«Wir wollen sehen, wie er in der Arena ist», sagte Montoya.

(F, S. 206 f.)

Der Stierkampf erscheint hier als Ritus, in dem die reine, unschuldige Männlichkeit in asketischem Triebverzicht die Begegnung mit dem Tod und den Sieg über das Tier ermöglicht. (Ursprünglich hatte Hemingway den Roman sogar mit dieser Szene beginnen lassen wollen.[23]) Nicht von ungefähr hat Romero in seinem Raum etwas Zölibatäres an sich. Männlichkeit wird hier entgeschlechtlicht, zur reinen, asketischen Befindlichkeit, die sich in einer seltsamen Dialektik mit ihrem Pendant verbindet, der physischen Liebesunfähigkeit von Barnes alias Ernest Hemingway. Während der «corrida», die sich dem Besuch in Romeros Raum anschließt, beobachtet Barnes: *Romeros Stierkampf gab allem innere Spannung, weil er die absolute Reinheit der Linie seiner Bewegungen bewahrte und immer ruhig und glatt die Hörner ganz dicht an sich vorbeiließ. […] Romero war alte Schule, er hielt seine reine Linie dadurch, daß er sich im höchsten Maß der Gefahr aussetzte, während er den Stier dadurch beherrschte, daß er ihm zu verstehen gab, daß er unerreichbar sei, während er ihn auf den Tod vorbereitete.* (F, S. 212)

Später beschreibt Hemingway in *Fiesta* die soziale Funktion des Stierkampfes. Während des morgendlichen Rennens der Stiere durch die Straßen Pamplonas ist ein junger Mann, Vater von zwei Kindern, auf die Hörner genommen worden und gestorben. Wenn Hemingway Romero dann den gleichen Stier am Nachmittag in der Arena töten läßt, hat der Matador nicht nur stellvertretend für die menschliche Gemeinschaft diesen Tod gerächt, sondern auch das archaische Ritual des Sieges der Kultur über die ungezähmte Natur erneuert, den Triumph der Zivilisation über die Anarchie der Triebe. Der sexuelle Charakter dieses Ringens von Mensch und Tier ist unübersehbar. Während der «veronicas», der Führung des Stiers durch die Arbeit mit der Muleta, streckt der Stierkämpfer den Hörnern des Stieres provokativ seine Lenden entgegen und bietet sie sogar völlig ungeschützt dar, während er sich im finalen Akt der «estocada» frontal über den Kopf des Stieres beugt, um ihm den Degen in den lindblattgroßen Fleck zwischen den Schulterblättern zu stoßen, so daß die Klinge die Hauptaorta durchschneidet. Es ist der Höhepunkt des Beweises der Männlichkeit, der *Augenblick der Wahrheit*, wie Hemingway später in *Tod am Nachmittag* schreiben wird (TaN, S. 148).

Hemingway hatte psychologisch wie literarisch sein Thema

gefunden. Am Stierkampf – später kam noch die Großwildjagd und die Hochseesportfischerei dazu – konnte er den Schock verarbeiten, den die ohnmächtige Erkenntnis seiner Verletzlichkeit im Ersten Weltkrieg in ihm ausgelöst hatte, und der die Urszene seiner Kindheit wiederholte, den Hiatus des sich entwickelnden Ich zwischen Anpassung und Behauptung. Indem er sich fast monoman immer wieder mit dem Tod auseinandersetzte und ihn überlebte, konnte er sich vergewissern, daß er selbst noch nicht unter den rigiden, widersprüchlichen moralischen Anforderungen seines Elternhauses, der erdrückenden Omnipräsenz seiner Mutter erstickt war. *Ich versuchte damals zu schreiben, und ich fand, daß die größte Schwierigkeit – außer ehrlich zu wissen, was man wirklich fühlte und einfach nicht das, was man fühlen sollte oder was man zu fühlen gelernt hatte – darin bestand, niederzuschreiben, was wirklich bei einer Handlung geschah; was es tatsächlich war, was die Gefühlsregung, die man verspürte, hervorrief. […] Ich versuchte, schreiben zu lernen, indem ich mit den einfachsten Dingen begann, und eines der allereinfachsten Dinge und das fundamentalste ist der gewaltsame Tod. Er hat keine der Komplikationen des Todes durch Krankheit oder des sogenannten natürlichen Todes oder des Todes von einem Freund oder von jemandem, den man geliebt oder gehaßt hat, aber es* i s t *der Tod nichtsdestoweniger, und er ist eines der Themen, über die ein Mann schreiben kann.* (TaN, S. 9 f.)

Der Mythos Hemingway entsteht: Der Durchbruch

Am 10. Mai 1927 heirateten Ernest Hemingway und Pauline Pfeiffer nach katholischem Ritus in der Kirche Saint-Honoré-d'Eylau in Paris – Hemingway war 1918 in Italien zum Katholizismus übergetreten. Inzwischen hatte Hemingway eine Reihe der Geschichten überarbeitet, die er in den Vorjahren geschrieben hatte (unter ihnen *Die Killer* und *Zehn Indianer*) und unter dem Titel *Männer ohne Frauen* zur Publikation freigegeben. Die Reaktion nach ihrem Erscheinen im Oktober 1927 war gemischt. Man lobte Hemingways Stil, fand aber, daß die Welt der Geschichten, die Welt der Stierkämpfer, der Prostituierten, der Trinker, Killer, Schläger und Soldaten zu beschränkt und letztlich zu vulgär sei. Ende des Jahres waren 15 000 Exemplare verkauft. Hemingway hatte sich schon länger mit dem Gedanken getragen, wieder zurück nach Amerika zu gehen. Er war das Stadtleben leid, wollte wieder Natur um sich haben. Als ihm John Dos Passos von der Schönheit der Key-Inseln Floridas vorschwärmte, stand sein Entschluß fest. Im April 1928 zog er mit Pauline nach Key West um. Das Meer faszinierte ihn. Er wurde zum leidenschaftlichen Fischer. Da die Einkünfte aus seiner schriftstellerischen Tätigkeit für den Lebensstil, den er führte, noch nicht ausreichten, verkaufte er seinen Fang hinterher über einen Freund, um das neue Hobby zu finanzieren. Im Juni wurde sein zweiter Sohn Patrick geboren.

Bereits im Vorjahr hatte Hemingway angefangen, an einem neuen Roman zu arbeiten. Er sollte seine Kriegserlebnisse in Italien verarbeiten und das Thema Liebe behandeln. Wie Hemingway selbst, dient der Held des Romans, Frederic Henry, freiwillig als Leutnant in einem Sanitätskorps der italienischen Armee. Nach einer Beinverletzung und einem Lazarettaufenthalt, bei dem er sich in die englische Krankenschwester Catherine Barkley verliebt, kehrt Henry zu seiner Einheit zurück und erlebt 1917 den Durchbruch der Truppen der Achsenmächte bei Caporetto. Irrtümlich gerät er in den Verdacht, ein Deserteur zu sein, kann aber fliehen und sich mit Catherine in die Schweiz absetzen. Aber das Glück ist von kurzer Dauer, Catherine stirbt im Kindbett. Der Liebe Frederic Henrys zu der Krankenschwester Catherine hat Hemingway zweifelsohne Züge seiner Jugendliebe zu Agnes von Kurowsky gegeben. Dahinter aber gestaltete er in dem für ihn jetzt charakteristisch werdenden Stil – kurze, kompakte Sätze in schlichter, kommentarloser Abfolge, lakonische und doch nuancierte Dialoge und ein genau aufeinander abgestimmtes Gleichgewicht von Aktion und Dialog – ein größeres Thema. Der desillusionierte Privatfrieden, den Henry mit dem Krieg schließt, verweist auf die Abkehr von einer Gesellschaft und Lebenseinstellung, die solche Kriege erst möglich machte, in denen Menschen sinnlos starben. Pflicht gegenüber dem Vaterland, Kämpfen für die Freiheit – die ganze blumige Rhetorik der Ära Wilson wurde hier ad absurdum geführt, indem sie sich als wirklichkeitsfremd erwies. Mehr als eine körperliche noch ist Henrys Verwundung in dem Roman eine seelische, die Einsicht in die Willkür und Sinnentleertheit des Schicksals, der Frederic fast verzweifelt seine Liebe zu Catherine entgegenstellt. *Oft wünscht sich ein Mann, allein zu sein, und auch eine Frau wünscht sich, allein zu sein, und wenn sie sich liebhaben, sind sie darauf in dem andern eifersüchtig; aber ich kann ehrlich sagen, daß wir das nie fühlten. Wir konnten uns für uns allein fühlen, wenn wir zusammen waren, allein gegen all die anderen. Das ist mir nur einmal in meinem Leben passiert. Ich war allein, während ich mit mancher Frau zusammen war, und das ist die Art, wie man es besonders stark spürt. Aber w i r fühlten uns nie einsam und hatten niemals Angst, wenn wir zusammen waren. Ich weiß, daß Tag und Nacht nicht dasselbe sind; daß alles anders ist, daß die Dinge der Nacht am Tag nicht erklärt werden können, weil sie dann nicht existieren, und die Nacht kann für einsame Menschen, wenn ihre Einsamkeit einmal begonnen hat, eine schreckliche Zeit sein. Aber mit Catherine machte es kaum einen Unterschied, nur daß die Nacht vielleicht sogar schöner war. Wenn Menschen soviel Mut auf die Welt mitbringen, muß die Welt sie töten, um sie zu zerbrechen, und darum tötet sie sie natürlich. Die Welt zerbricht jeden, und nachher sind viele an den zerbrochenen Stellen stark. Aber die, die nicht zerbrechen wollen, die tötet sie. Sie tötet die sehr Guten und die sehr Feinen und die sehr Mutigen; ohne Unterschied. Wenn du nicht zu diesen gehörst, kannst du sicher sein, daß sie dich auch töten wird, aber sie wird keine besondere Eile haben.* (IeaL, S. 192) Als Catherine stirbt, bleibt Frederic geschlagen zurück. Ihm bleibt nur, seine Niederlage mit Haltung anzunehmen. Hier wird ein Motiv aufgegriffen, das in Hemingways erstem Roman *Fiesta* bereits angeklungen war, die Akzeptanz des Schicksals, wie hart es auch immer sei – später wird Hemingway in *Der alte Mann und das Meer* diese Haltung noch einmal in der Aussage Santiagos auf den Punkt bringen *Man kann vernichtet werden, aber man darf nicht aufgeben* (DaM, S. 255).

Den englischen Titel für das neue Werk, *A Farewell to Arms*, entnahm Hemingway dem «Oxford Book of English Verse», das ein gleichnamiges Gedicht von George Peele, einem Zeitgenossen Shakespeares, enthielt, auch schon mit der Doppeldeutigkeit, daß «arms» sowohl Arme als auch Waffen bedeuten konnte. *In einem andern Land* erschien am 27. September 1928, nachdem Max Perkins noch schnell Hemingways reichlichen Gebrauch von Schimpfwörtern und Obszönitäten auf ein Mindestmaß reduziert hatte. Vorab hatte Scribner's Hemingway für 15 000 Dollar das Recht abgekauft, den Roman in Fortsetzungen in «Scribner's Magazine» zu veröffentlichen. Es war die bis dahin höchste Summe, die der Verlag jemals für einen Fortsetzungsroman gezahlt hatte. *In einem andern Land* wurde von der Kritik wie vom Lesepublikum mit noch größerer Begeisterung aufgenommen als *Fiesta*. Wieder erkannten sich die Zeitgenossen Hemingways in dem Roman wieder, in jenem schwebenden Bewußtseinszustand, den der Schock der Katastrophe des Ersten Weltkriegs in vielen Menschen ausgelöst hatte. Bald stand *In einem andern Land* gleichauf mit Erich Maria Remarques Antikriegsroman *Im Westen nichts Neues* auf der Bestsellerliste. Der dreißigjährige Hemingway zählte jetzt zu den arrivierten Schriftstellern seiner Zeit. Mehr noch, er wurde berühmt. Hollywood begann sich für ihn zu interessieren, und Paramount Pictures kauften ihm die Filmrechte für 24 000 Dollar ab. Hemingways Freude über den Erfolg von *In einem andern Land* wurde jedoch von dem Freitod seines Vaters im Dezember 1928 überschattet. Die Nachricht erreichte Hemingway, als er seinen Sohn Bumby abholte. Hemingway war tief erschüttert. Trotz aller Spannungen mit seinem Elternhaus und trotz seiner negativen Einschätzung seines Vaters hatte er sich zu Ed Hemingway immer hingezogen gefühlt. Er hielt die Tat seines Vaters, der in letzter Zeit gekränkelt und keinen Ausweg aus seinen finanziellen Problemen mehr gesehen hatte, für unnötig, empfand sie als Feigheit und Ausweichen vor der Verantwortung, die er hatte.

Finanziell durch den Erfolg des Romans unabhängig geworden, stürzte Hemingway sich in die Arbeit. Er schreibt einen Bericht über den Stierkampf für das amerikanische Wirtschaftsmagazin «Fortune», fährt auf die Nordquist Ranch in Wyoming zum Jagen und beginnt mit der Arbeit an einem großen Stierkampfbuch, das zwei Jahre später unter dem Titel *Tod am Nachmittag* erscheinen wird. Das Buch, in dem Hemingway in Form von Reflexionen und einem Zwiegespräch mit einer fiktiven alten Dame, die eine «corrida» besucht, ausführlich in Technik und Geschichte des Stierkampfs eintaucht, gilt bis heute als bedeutendste von einem Nichtspanier geschriebene Abhandlung über die spanische «tauromaquia». Fast wichtiger ist eine Bemerkung, die Hemingway dort eher nebenbei macht: *Ein guter Schriftsteller sollte soweit wie möglich, alles wissen. Natürlich kann er das nicht. [...] Er ist nur mit der Fähigkeit geboren, im Verhältnis zu dem Vergehen der Zeit schneller zu lernen als andere Menschen und ohne bewußte Anstrengung und mit der besonderen Begabung das, was bereits als Wissen vorliegt, anzunehmen oder zurückzuweisen. [...] Wenn ein Prosaschriftsteller genug über das weiß, worüber er schreibt, kann er Dinge auslassen, die er weiß, und der Leser wird, wenn der Schriftsteller aufrichtig genug schreibt, ein so starkes Gefühl dieser Dinge haben, als ob der Schriftsteller sie erwähnt hätte. Die Würde der Bewegung eines Eisbergs ist darauf zurückzuführen, daß nur ein Achtel von ihm über Wasser ist.* (TaN, S. 162 f.) Hier wird die Einfachheit der Sprache Hemingways als komplexe Technik deutlich, die mittels der Auslassung ebenso das Unbewußte des Autors zur Sprache kommen läßt,

«Warum umgibt sich unser grimmiger Realist mit Wolken jugendlicher Romantik, sobald er Stierkämpfen zuschaut und von ihnen schreibt? Tatsache ist, daß es Hemingway an Vertrauen mangelt, daß er ein ganzer Mann ist. Aus obskuren Gründen fühlt er sich kontinuierlich gezwungen, seine Männlichkeit zu beweisen. Mehr noch als der Schwung seiner breiten Schultern oder seine Kleidung haben die Gefühle, die er in seiner Prosa an die Oberfläche kommen läßt, einen literarischen Stil geschaffen, der sich mit falschen Haaren auf der Brust schmückt.»

Max Eastman in seiner Rezension «Stier am Nachmittag», die dazu führte, daß Hemingway ihn zusammenschlug

wie auch die unbewußten Gefühle des Lesers einbezieht und so die Wirkung verstärkt.

Im Frühjahr 1931 erwirbt Hemingway mit Hilfe von Paulines Onkel Gus für 8000 Dollar das Haus 907 Whitehead Street in Key West, das sein fester Wohnsitz für die Zeit der Ehe mit Pauline wird. Als er im Sommer 1932 einen Abstecher nach Kuba macht, lernt er das Hochseefischen kennen. Es wird seine neue Leidenschaft, die zum Stierkampf dazukommt. *Armer alter zerbrechlicher Hem. 99 Tage auf dem Golfstrom in der Sonne. 54 Schwertfische. Sieben an einem Tag. Ein 468 Pfünder in 65 Minuten, allein, keine Hilfe außer der, daß sie mich um die Hüfte festhielten und eimerweise Wasser über meinen Kopf schütteten. Zwei Stunden und 20 Minuten die wahre Hölle miteinander. Ein 343 Pfünder, der 44mal sprang, am Haken. Ich tötete ihn in einer Stunde und fünfundvierzig Minuten. Armer zerbrechlicher alter Hem, der wieder als Fischer posierte. Gewicht 187 Pfund. Runter von 211.*

Werde verdammt gute Memoiren schreiben, wenn ich sie einmal schreibe, weil ich auf nichts und niemanden eifersüchtig bin, ein scharfes Gedächtnis habe und alle Belege dazu.[24] Mit diesen Reisen bildete sich jener Lebensrhythmus heraus, der für den Rest von Hemingways Leben typisch werden sollte und von dem er nur mit Unterbrechungen lassen wird: der angenehm warme, milde Winter im tropischen Key West, Frühjahr und Frühsommer in Havanna oder auf Bimini, im Hochsommer und Frühherbst dann zur Jagd nach Wyoming, später nach Ketchum in Idaho. Dazwischen liegen Fahrten nach New York, Europa, Afrika. Hemingway ist voller Lebenshunger, fast davon besessen, nichts zu verpassen. An seinen Freund, den Maler Waldo Pierce, schreibt er: *Denk daran, das eigene Haus, das ist für Kerle wie uns ein Platz, den man erst einmal verlassen muß, um zurückzukommen, und wir werden alle schnell älter und die riesigen Fische werden nicht schwächer.*[25]

Es ist ein Lebensstil, der nicht ohne Folgen bleibt. Hemingway wird von den Medien hofiert, die Klatschspalten schreiben über ihn. Und er genießt es sichtlich, auf der anderen Seite zu stehen, selbst Interviews zu geben, statt zu interviewen. Er wird der Liebling der jungen Werbeleute mit den lockeren Sprüchen, die sich übermännlich geben, der Großwildjäger und furchtlosen Krieger, die in ihren Werbebüros bequem im Sessel sitzen. Sie mißverstehen sein Ringen um Authentizität und Wahrheit, nehmen die Fiktion, die Hemingway ihnen anbietet, für die Wirklichkeit. Viele, die nie einen Boxkampf miterlebt hatten, meinen naiv, Hemingway wäre der überwältigende Held des Boxrings oder der große Soldat. Aber geschmeichelt wehrt Hemingway nicht ab, kommt ihnen sogar entgegen. Er erlebt einen narzißtischen Höhenflug. Endlich ist der Erfolg da, der ihn für all die Verletzungen, die er in der Kindheit erleben mußte, für seine bedrohte Männlichkeit entschädigt. Wenn er von derart vielen Menschen bewundert wird, dann mußten die Selbstzweifel, die Versagensängste gegenstandslos sein. Er verfällt einem Fehler, den er aus seiner eigenen Erfahrung mit dem Journalismus eigentlich hätte vermeiden können, gießt Öl ins Feuer, prahlt, gibt sich großspurig, verwechselt selbst Fiktion und Realität. An Arnold Gingrich, den Herausgeber von «Esquire», schreibt er: *Habe 29 Marlin Schwertfische gefangen, fing 7 letzten Sonnabend – glaube, ein Rekord im Fischen mit einer Rute. Wir haben eine gute Chance, einen Weltrekordfisch zu fangen – zum Teufel mit dem Rekord, aber man ist doch neugierig, wie ein Fisch von diesem Ausmaß in der Luft aussieht – sie bewegen sich im Wasser wie ein Zerstörer.*[26]

Zurück vom Marlin-Fischen im Hafen von Havanna: Hemingway (2. v. r.) mit Joe Russell (3. v. r.), dem Besitzer der Bar «Sloppy Joe's»

Tatsächlich jedoch war Hemingway in keiner guten Verfassung. Seine Gesundheit machte ihm zu schaffen. Hemingway war aufgrund seiner Massigkeit äußerst ungeschickt, er zog Unfälle geradezu an, er war «accident prone», wie es im Englischen treffend heißt. *Habe einen komplizierten Bruch des Zeigefingers – schlimmer Zusammenstoß auf der Bärenjagd – 14 Stiche im Gesicht, innen und außen – Loch im Bein. dann der rechte Arm – muskulöse Spiralparalyse [sic] – 3 Finger an der rechten Hand gebrochen – 16 Stiche in linkem Handgelenk und Hand, Augen sind in Spanien kaputtgegangen – jetzt mit Brille. Kann die Augen nicht länger als vier Stunden benutzen, bevor sie schlecht werden, Paulines zweiter Kaiserschnitt usw. usw. usw. […] Dann schreibt irgend so ein arschgesichtiger Kritiker, Mr. Hemingway zieht sich in seine gemütliche Bibliothek zurück, um über Verzweiflung zu schreiben. Ist es das, worüber ich schreibe? Das frage ich mich wirklich.*[27] Der Erfolgsdruck begann sich bemerkbar zu machen. Arroganz und Imponiergehabe setzen sich bei Hemingway durch und äußern sich in der Glorifizierung der eigenen Männlichkeitspose. Er gefällt sich in der Rolle des Krawallmachers in Bars, provoziert betrunken Schlägereien, wobei er seine spektakulären Entgleisungen in der Öffentlichkeit zugleich genießt und an ihnen leidet. Denn wo immer er auftritt, ist auch die Presse zugegen. Jeder Zwischenfall wird gemeldet, um einem sensationshungrigen internationalen Publikum in den Klatschspalten unterbreitet zu werden. 1943 sollte Hemingway selbst diese Zeit seines Lebens in einem Brief an Archibald McLeish entschuldigend als seine *son of a bitching*-Periode beschreiben.[28] Die Fehler, die er in dieser Zeit im Umgang mit der Presse machte, sollte er erst später erkennen. 1950 schrieb er kleinlaut an den Schriftsteller Robert Cantwell: *Bring bitte nichts, ich wiederhole, nichts davon, wie oft ich getroffen worden bin oder wie oft auf mich geschossen wurde. Ich habe sowohl Cape als auch Scribner gebeten, meinen Kriegsdienst nicht für die Reklame zu benutzen; es ist mir zuwider, es zu erwähnen, und es verletzt den Stolz, den ich deswegen empfinde. Ich will als Schriftsteller gelten, nicht als ein Mann, der an Kriegen teilgenommen hat; oder als einer, der sich in Kneipen prügelt; oder als Schütze; oder als Pferdewetter; oder als Trinker. Ich will nichts als ein Schriftsteller sein und als solcher beurteilt werden.*[29]

Auch die Beziehungen zu seinen Freunden waren in dieser Zeit zunehmend Spannungen ausgesetzt. Mit Archibald McLeish

Ernest Hemingway in den dreißiger Jahren

zerstritt Hemingway sich nach zehnjähriger Freundschaft auf einer Bootsfahrt in Key West im April 1934. Im November des gleichen Jahres notierte auch John Dos Passos nach einem Besuch, Hemingway sei zu sehr «der berühmte Autor, der große Sportfischer, der gewaltige Großwildjäger»[30]. Zwar lobte Hemingway im Mai 1934 Scott Fitzgerald gegenüber dessen Roman «Zärtlich ist die Nacht», den er vorher als «larmoyant» abgetan hatte[31], im

August 1936 kam es jedoch zum endgültigen Zerwürfnis, als Hemingway Fitzgeralds Bekenntnisbuch «The Crack-Up» als weinerlich und unmännlich bezeichnete. Nur der sarkastisch-nihilistische Unterton seiner Geschichten in *Der Sieger geht leer aus*, die Hemingway im Herbst 1933 veröffentlichte, verrät, wie verzweifelt einsam er hinter seiner Fassade des Wüterichs tatsächlich war, auch wenn seine Fähigkeit zu schreiben ungebrochen ist. *Wovor hatte er Angst? Es war nicht Angst oder Furcht. Es war ein Nichts, das er nur zu gut kannte. Es war alles ein Nichts, und der Mensch war auch ein Nichts. Es war nur das, und Licht war alles, was man brauchte und eine gewisse Sauberkeit und Ordnung. Manche lebten darin und fühlten es gar nicht, aber er wußte, es war alles nada y pues nada y pues nada. Nada unser, der du bist im nada, nada sei Dein Name, Dein Reich nada, Dein Wille nada, wie im nada also auch auf nada. Unser täglich nada gib uns nada, und nada uns unsere nada, wie wir nadan unsern nadan. Nada uns nicht in nada, sondern erlöse uns von dem nada; pues nada. Heil dem Nichts, voll von Nichts. Nichts ist mit dir.* (*Ein sauberes, gutbeleuchtetes Café*, Sgla, S. 16).

«Die grünen Hügel Afrikas»

Im April 1934, während die amerikanische Wirtschaft und mit ihr Millionen von Amerikanern noch an den Folgen der Großen Wirtschaftsdepression zu tragen hatten, kaufte sich Hemingway für 7500 Dollar – fast soviel wie drei Jahre vorher sein Haus in Key West gekostet hatte – eine hochseetüchtige Motoryacht. Er taufte sie «Pilar», nach dem Kodenamen, den Pauline sich in der Zeit der ersten Heimlichkeiten gegeben hatte. Es ging Hemingway gut, und er genoß offen den durch *In einem andern Land* und seine Kurzgeschichten gewonnenen Ruhm und Wohlstand. Einen Monat vorher war er mit Pauline von seiner ersten Safari in Afrika zurückgekehrt. Begleitet von dem Jäger Philip Percival und Charles Thompson, einem wohlhabenden Freund aus Key West, hatte er im Gebiet um den Kilimandscharo drei Monate lang Löwen, Büffel, Großantilopen und Nashörner gejagt. Bereits während der Planung der Reise hatte er an einen Freund voller Ungeduld geschrieben: *Ich möchte Elefanten sehen, egal ob wir sie schießen oder nicht – ich möchte auf jeden Fall Büffel und Löwen schießen. [...] Ich nehme die 30.06er – 10.75 Mauser – 12er Schrotflinte und eine 6.5 Mannlicher mit, außerdem meinen 22er Woodeman Colt – vielleicht auch Degen und Muleta für Büffel und Du trägst einen Drachen für uns, damit wir zu den Elefanten die Leine herunterklettern können.*[32]

In der afrikanischen Trockensteppe, nur begleitet von seiner Frau, einem Freund und dem Jagdführer, fand Hemingway erneut eine Landschaft, die ihn ausfüllte, die Erinnerungen an die glücklichen Tage in den Wäldern Michigans weckte. *Jetzt, als ich aus dem Tunnel von Bäumen oberhalb der Schlucht in den Himmel mit den weißen, im Wind vorüberwehenden Wolken blickte, liebte ich das Land so, daß ich glücklich war, wie man es ist, nachdem man mit einer Frau, die man wirklich liebt, zusammen war, wenn man es in der Leere wieder aufwallen fühlt und es da ist und man es nie ganz haben kann, und doch, was jetzt da ist, kann man haben, und man will mehr und mehr, um es zu haben und zu sein und darin aufzugehen, noch einmal zu besitzen für immer, für jenes lange, plötzlich endende Immer, so daß die Zeit stillsteht,*

Der Kilimandscharo

manchmal so vollkommen still, daß man danach darauf wartet, zu hören, daß sie sich bewegt und sie lange braucht, bis sie beginnt. Aber du bist nicht allein, denn wenn du sie jemals wirklich geliebt hast, beglückt und ohne Tragik, liebt sie dich immer; einerlei, wen sie liebt oder wohin sie geht, dich liebt sie immer. Darum bist du, wenn du einmal irgendeine Frau oder irgendein Land geliebt hast, sehr glücklich daran, und wenn du hernach stirbst, macht es nichts aus. Jetzt, als ich in Afrika war, hungerte ich bereits nach mehr, dem Wechsel der Jahreszeiten, der Regenperiode, ohne weiter zu müssen, den Unbequemlichkeiten, die man in Kauf nahm, damit alles Wirklichkeit erhielt, den Namen von Bäumen, kleinen Tieren und allen Vögeln, die Sprache zu lernen und Zeit zu haben, um richtig dort zu sein und gemächlich zu reisen. Mein ganzes Leben über liebte ich das Land; das Land war immer besser als die Leute. Ich konnte immer nur sehr wenige Menschen auf einmal gern haben. (DgHA, S. 51)
In der Großwildjagd fand Hemingway zudem seine private Version des Stierkampfs, konnte er selbst das alte Ritual vom Kampf des Menschen gegen das wilde Tier zelebrieren und zugleich die augenfälligen Beweise seines Sieges über den Tod mit nach Hause nehmen, um seinen Freunden und der Welt seine Männlichkeit zu demonstrieren. In seinen Briefen wurde Hemingway nicht müde,

auf die damit verbundenen Strapazen hinzuweisen. *Wurde sterbenskrank – ließ ungefähr einen Liter Blut pro Tag unter mir – jagte jeden Tag mit Ausnahme von zweien mit. […] Einer von Gertrudes gefiederten Freunden sagte ihr, Papa würde immer etwas zerbrechen, krank werden usw., frage mich aber, was G. und Freunden passieren würde, wenn sie dahin gingen, wohin Papa geht, und täten, was Papa tut. […] Erlegte meine zwei Büffel mit einer 30.06er Springfield wie auch die Löwen – habe einige Schönheiten und wundervolle Köpfe.*[33]

Sofort nach seiner Rückkehr begann Hemingway an einem Roman über seine Erlebnisse auf dem Schwarzen Kontinent zu arbeiten. Hatte er in seinen ersten beiden Romanen vor allem in Motivwahl und psychologischen Bezügen auf autobiographisches Material zurückgegriffen und nur in Ausnahmefällen persönliche Erlebnisse direkt aufgenommen, wie beispielsweise seine Verwundung, versuchte er jetzt seine Methode der «wahren Sätze» auf die Spitze zu treiben, *um festzustellen, ob die Eigenart eines Landes und die Eindrücke eines vierwöchigen Jagdunternehmens bei wahrheitsgetreuer Darstellung neben einem Werk der Phantasie bestehen können* (DgHA, S. 8). Aber der Versuch «Faction» zu schreiben, eine Methode, die sein Landsmann Norman Mailer in den späten sechziger Jahren erneut und dann mit großem Erfolg einsetzen sollte, mißlang. Biographisch ist *Die grünen Hügel Afrikas* durchaus interessant, weil viele der Themen, die Hemingway bewegten, hier in den Alltag transponiert werden, literarisch jedoch blieb der Roman unbefriedigend, ein Zwitter, der weder Journalismus noch Literatur war. Die Reflexionen über Bücher und Autoren beispielsweise, die die Schilderung der Reise und des Jagdgeschehens anfangs unterbrechen, wirken unintegriert und naiv. Hemingways knapper Stil, der seinen ersten beiden Romanen gerade durch das scheinbare Vermeiden von Gefühlen ihre besondere emotionale Intensität gegeben hatte und damit wegweisend gewesen war, kehrte sich hier gegen ihn selbst. Die lakonische Trockenheit der Sprache wirkte bemüht antiintellektuell und ließ den Versuch durchscheinen, das sich in der Öffentlichkeit herausbildende Image als harter Bursche, als harter Trinker, Sportsmann, Jäger und Fischer zu bedienen und zu verstärken.

Daneben jedoch stehen Passagen großer emotionaler Intensität, die auch den Leser mitreißen, der nicht unbedingt Hemingways Jagdfaszination teilt. *Und wir liefen jetzt in irrem Tempo wie Jagdhunde, planschten durch den Fluß, rasten die Böschung hinauf, der Römer voraus, der nackt durch das Unterholz brach, sich bückte und ein Blatt mit hellem Schweiß hochhielt und mir auf den Rücken schlug, während M'Cola, «Damu, damu», «Schweiß, Schweiß», sagte. […] Und als wir wieder wie die Jagdhunde hinter ihm her jagten, fielen wir beinahe über etwas. Es war ein herrlicher Kudubock, der mausetot*

Posierend mit seinen zwei Kudu-Gehörnen, Kibaya, Februar 1934

auf der Seite lag, seine Hörner in großen dunklen Spiralen ausladend, und unglaubhaft, wie er tot da lag. […] Ich sah ihn mir an, groß, langbeinig, ein glattes Grau mit weißen Streifen und den großen, gedrehten, schwungvollen Hörnern, braun wie Walnußkerne und elfenbeinern zugespitzt, die großen Lauscher und den großen, schönen, schwerbemähnten Hals, das weiße Dreieck zwischen den Augen und das Weiß der Schnauze, und ich bückte mich und berührte ihn, um es glauben zu können. Er lag auf der Seite, auf der die Kugel eingedrungen war, und es war nichts an ihm zu sehen, und er roch rein und wunderbar wie der Atem von Vieh und der Geruch von Thymian nach dem Regen. (DgHA, S. 146) Geradezu prophetisch sogar erscheinen Hemingways düstere Gedanken zu der Zerstörung der Natur in Afrika, die er als Verlust an

Lebensqualität erlebte: *Ein Kontinent altert schnell, sobald wir kommen. Die Eingeborenen leben mit ihm in Harmonie. Aber der Fremde zerstört, fällt Bäume, zieht das Wasser ab, so daß die Wasserversorgung eine andere ist, und in kurzer Zeit ist der Boden, wenn die Scholle erst einmal umgewendet ist, ausgelaugt, und das nächste ist, daß er wegzuwehen beginnt, wie er in jedem alten Land weggeweht ist und wie ich den Anfang davon in Kanada gesehen habe. Die Erde ermüdet, wenn man sie ausnutzt. Ein Land verbraucht sich schnell, wenn der Mensch nicht all seine Rückstände und die all seiner Tiere wieder hineinsteckt. Wenn er aufhört, Tiere zu benutzen, und Maschinen benutzt, besiegt ihn die Erde schnell. Die Maschine kann nichts erzeugen, sie kann auch nicht den Boden fruchtbar machen, und sie verbraucht, was er nicht hervorbringen kann.* (DgHA, S. 180) *Die grünen Hügel Afrikas* war ein Buch so widersprüchlich wie Hemingway selbst, voller Kraft und Liebe für die Welt Afrikas, aber auch voller Pose.

Als der Roman im Oktober 1935 erschien, reagierte die Kritik denn auch zurückhaltend. Edmund Wilson, der durch seine positiven Kritiken das Frühwerk Hemingways entscheidend gefördert hatte, bemerkte später trocken: «Sobald Hemingway anfängt, in der ersten Person zu sprechen, scheint er den Boden unter den Füßen zu verlieren, nicht nur als Kritiker des Lebens, sondern sogar als Handwerker.» [34] Hemingway reagierte auf die negative Kritik wie üblich wütend – und kurz darauf mit einer Depression. *Ich fühle mich ungeheuer leer und nichtig, als ob ich nie wieder ficken, kämpfen oder schreiben könnte und praktisch schon tot wäre.* [35]

Fast parallel dazu hatte Hemingway angefangen, an zwei längeren Kurzgeschichten zu arbeiten, die 1936 im Abstand von zwei Monaten im «Esquire» erschienen. In *Schnee auf dem Kilimandscharo* blickt der an Wundbrand am Bein sterbende Schriftsteller Harry aus der Hitze einer afrikanischen Ebene zur Schneekappe des Kilimandscharo hoch und sinnt über sein Leben nach. Es ist ein bitteres Resümee, daß er zieht. *Er hatte seine Begabung selbst zerstört. Warum sollte er dieser Frau, weil sie ihn so angenehm aushielt, die Schuld zuschieben? Er hatte seine Begabung damit zerstört, daß er sie nicht benutzte, daß er sich selbst und das, woran er glaubte, verraten hatte, daß er soviel trank, bis die Sehschärfe seiner Wahrnehmungen litt, durch Faulheit, durch Trägheit, durch Snobismus, durch Hochmut und durch Vorurteil – auf Teufel komm raus! Was war das? Ein Verzeichnis*

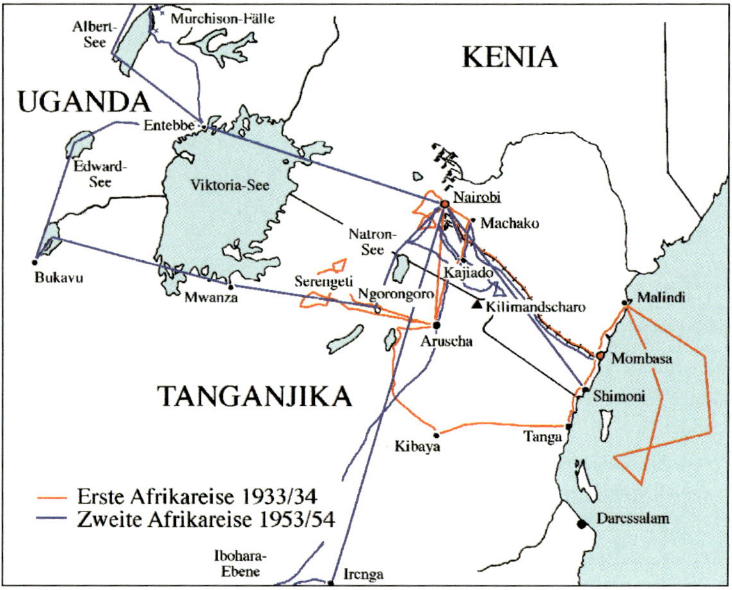

Hemingways Afrikareisen

alter Bücher? Was war seine Begabung denn schon groß? Eine Begabung war es sicher, aber anstatt sie zu benutzen, hatte er sie verschachert. Es war nie das, was er getan hatte, sondern das, was er tun könnte, und er hatte sich sein Brot lieber auf andere Weise als mit der Feder verdient. (*Schnee auf dem Kilimandscharo*, EudL, S. 57 f.) Lesen *Die grünen Hügel Afrikas* sich stellenweise wie das Zerrbild des Berichts einer männlichen Abenteuerreise, so findet sich hier ein Verweis auf die andere Seite Hemingways, seine Selbstzweifel, die Ahnung, daß er von seiner Berühmtheit, seinem Bild in der Öffentlichkeit korrumpiert werden könnte. Hemingway hatte von seinem Jagdführer erfahren, daß man auf dem Gipfel unglaublicherweise das Gerippe eines Leoparden gefunden hatte. In der Erzählung setzt er den «reinen» Tod des zu weit hinaufgestiegenen Raubtieres und das schmutzige, schmerzlose Sterben Harrys durch Blutvergiftung als Symbole für den Künstler ein, der nach höchster Klarheit strebt, und für die Korruption eines Mannes, der sich um des guten Lebens willen prostituiert hat.

Thema von Hemingways zweiter Afrika-Kurzgeschichte *Das kurze glückliche Leben des Francis Macomber*, die Hemingway zwar selbst zu seinen besten rechnete, die aber nicht an die symbolische Eindringlichkeit von *Schnee auf dem Kilimandscharo* heranreicht, ist das sich wandelnde Abhängigkeitsverhältnis zwischen dem reichen Amerikaner Francis Macomber und seiner schönen Frau Margot. Macomber ist vor einem angeschossenen Löwen davongelaufen und hat sich so als Feigling erwiesen. Sein Versagen als Mann wird noch verstärkt durch das Verhältnis, das Margot mit dem Führer der Safari, dem britischen Jäger Wilson, anfängt, der jedoch sowohl die Schwäche ihres Mannes wie auch ihre Härte durchschaut.

Das Ende der Geschichte – Margot erschießt ihren Mann, als dieser in plötzlicher Kaltblütigkeit auf einen angeschossenen Büffel anlegt, der ihm entgegenstürmt – gestaltete Hemingway nach einem eher zufälligen Erlebnis während seiner Afrikareise. Der Zwischenfall ereignete sich nach Aussage des Jagdhüters Denis Zaphiro, als Hemingway und Charles Thompson einen Büffel schießen wollten, dessen Kuh ganz in der Nähe war. Philip Percival war als Feuerschutz mitgekommen, während Pauline im Auto blieb. Dann griff der Büffel plötzlich an, und alle feuerten zugleich. Auch Pauline Pfeiffer hatte ein Gewehr genommen und entweder geschossen oder kurz davor gestanden. Alle neckten sie daraufhin und meinten, sie sei in Wahrheit in Philip Percival verliebt und habe vorgehabt, es wie einen Unfall aussehen zu lassen und ihren Mann scheinbar aus Versehen zu erschießen.[36] Hemingway verwandelte diesen Zwischenfall in die Parabel eines existentiell geglückten Willensaktes. Nach seiner feigen Flucht kann Francis Macomber tiefer nicht sinken. Mehr als seine Würde kann er nicht verlieren, und genau aus diesem Nichts rafft er sich auf und schwingt sich zu einer vorher nicht erlebten, kühlen Selbstbeherrschung empor, die seine Frau nicht ertragen kann, da sie diese männliche Entschlossenheit fürchtet. Macomber stirbt geläutert von seiner Angst; sein neues Leben war zwar kurz, aber auch glücklich im Bewußtsein der Tatsache, daß er sich entschieden hatte. Damit hatte Hemingway seine persönliche Obsession zu eine existentialistischen Erfahrung ausgeweitet: Indem Hemingways Helden im Angesicht des Todes einsehen, daß es für sie als Menschen keine andere Möglichkeit gibt, als sich dem Unvermeid-

Simon Elwes Porträt von Jane Kendall Mason, 1936.
Präsident Coolidge meinte, daß sie die schönste Frau sei, die je das Weiße Haus betreten habe

lichen zu stellen, besiegen sie den Tod, nehmen ihm seine Macht und transzendieren ihn zugleich.

Modell gestanden hat für die Charakterzeichnung von Margot Macomber wahrscheinlich Jane Mason, eine ebenso reiche wie atemberaubend schöne Bekannte Hemingways auf Kuba und in Key West, mit der Hemingway eine fünfjährige Liaison nachgesagt wird. Daneben kann das gespannte Verhältnis zwischen Macomber und seiner Frau in gewisser Hinsicht auch als atmosphärischer Spiegel der Entwicklungen in Hemingways zweiter Ehe gelesen werden. Zwar war im November 1931 sein zweiter Sohn geboren worden, aber Hemingway hatte sich schon immer als Familienvater überfordert gefühlt. Es dauerte nicht lange, und sein Verhältnis zu Pauline begann sich zunächst unmerklich, dann immer schneller zu verschlechtern – Hemingways Flirt mit Jane Mason war hier nur eine der Kränkungen, die sie zu ertragen hatte. Es kam immer öfter zu Streit. Zwar drohte Hemingway in einer seiner großtuerischen Gesten seinem früheren Freund und Verleger McAlmon mit einer Tracht Prügel, als dieser Pauline öffentlich als Lesbierin bezeichnete. Daneben beklagte er sich jedoch lauthals über Paulines «katholische» Ablehnung empfängnisverhütender Mittel, nachdem ihr die Ärzte nach der Geburt Gregorys den Verzicht auf weitere Kinder nahegelegt hatten. Als Hemingway während des spanischen Bürgerkrieges mehr fort als bei Pauline war, entfremdete sich das Paar endgültig. Im November 1940 wird auch Hemingways zweite Ehe geschieden.

Die spanische Erde

Während Hemingway an seinem Stierkampfbuch *Tod am Nachmittag* arbeitete, hatte sich in Spanien die Lage zugespitzt. Das Spanien des 20. Jahrhunderts hatte aus dem 19. schwerwiegende soziale und politische Spannungen geerbt, die sich jetzt zuspitzten. In der Landwirtschaft regierte als Überrest des Ancien régime weiterhin der Großgrundbesitz, während die überwältigende Mehrheit der ländlichen Bevölkerung entweder in einer Quasi-Leibeigenschaft verharrte oder sich mit kleinen Parzellen zufriedengeben mußte, die ihre Besitzer kaum ernährten. Die Industrialisierung hatte sich in Spanien nur ungleichmäßig durchgesetzt. Regional hatte die ungleiche materielle und kulturelle Entwicklung dazu geführt, daß sich wirtschaftlich verhältnismäßig wohlhabende Provinzen und arme Landstriche mit fast noch mittelalterlich anmutenden Strukturen unvermittelt gegenüberstanden. Im Gegensatz zu den deutlichen Säkularisierungstendenzen im übrigen Europa hatte außerdem die katholische Kirche ihren Herrschaftsanspruch in politischer Verflechtung mit dem Adel aufrechterhalten, ein Anspruch, der vom Bürgertum mit einem kämpferischen Antiklerikalismus, von den Unterschichten mit einem gefühlsbetonten, leidenschaftlichen Anarchismus beantwortet wurde. Als am 14. April 1931 in ganz Spanien das Ende der Diktatur Primo de Riveras und die Republik ausgerufen wurden, war so einer der ersten Schritte der neuen Regierung die Enteignung der «grandes» und eine Agrarreform, die jedoch in ihr Gegenteil umschlug, als bei den Wahlen 1934 die politische Rechte an die Macht kam und mit einer brutalen Restauration der Verhältnisse reagierte. Generalstreiks im Baskenland, Aufstände in Asturien und blutig ausgetragene Klassenkämpfe in Sevilla und anderswo erschütterten das Land, verschärft noch durch das größtenteils auf seiten der Rechten oder «Nationalisten» mit großer Rücksichtslosigkeit und erbarmungsloser Gewalt eingreifende Militär. In den Großstädten Madrid und Barcelona, in Bilbao, Zaragoza, Málaga und Valencia radikalisierte sich das Industrieproletariat.

Verschiedene Nationalismen wie der des Baskenlandes oder Katalaniens komplizierten die Situation noch mehr. Als die Wahlen von 1936 im ganzen Land zugunsten der Linken ausgingen, kam es zum «pronunciamiento», zum Putsch von Teilen des Militärs gegen die Republik. Am 17. Juli wurden zunächst in Spanisch-Marokko Verwaltungs- und Regierungsgebäude militärisch besetzt, einen Tag später rief General Francisco Franco auf den Kanarischen Inseln den Kriegszustand aus, andere antirepublikanisch gesinnte Generäle folgten. Die Regierung in Madrid entschied sich daraufhin, die Soldaten zu entlassen und das Volk zu bewaffnen – der Spanische Bürgerkrieg war ausgebrochen.

Als am 18. Juli 1936 die Feindseligkeiten in Spanien begannen, bereitete sich Hemingway gerade auf einen Jagdausflug nach Wyoming vor. Er hatte jedoch die Entwicklung in Spanien genau verfolgt und beabsichtigte, nach Europa zu reisen, sobald die Arbeiten an seinem neuen Roman *Haben und Nichthaben* abgeschlossen waren, an dessen drittem Teil er gerade schrieb. Im Oktober 1936 fragte die «North American Newspaper Alliance» (NANA) bei ihm an, ob er für sie als Korrespondent von den Vorgängen in Spanien berichten würde. Obwohl Hemingway mit der Arbeit an seinem Ro-

Der Spanische Bürgerkrieg

1931 April: König Alfons XIII. verläßt Spanien, Ausrufung der Zweiten Republik
1933 November: Wahlniederlage der republikanisch-sozialistischen Regierung, konservativ-katholische Regierung
1936 Februar. Wahlsieg der Volksfront.
17. Juli: Aufstand des Militärs in Spanisch Marokko, dem sich die Kanarischen Inseln unter General Francisco Franco sowie einige spanische Städte anschließen. Madrid, Katalonien und Baskenland bleiben regierungstreu (Loyalisten)
Mai: Marxistische Rebellion in Barcelona. Sozialist Juan Negrín wird Präsident
November: erfolgloser Angriff Francos auf Madrid
1937 Februar: Fall von Málaga an Nationalisten
März: Sieg der Internationalen Brigaden bei Guadalajara
26. April: Bombardierung Guernicas durch die Legion Condor
Dezember: Einnahme Teruels durch Loyalisten
1938 Rückeroberung Teruels durch Franco und Angriff auf Valencia
Juli: Loyalist. Offensive am Ebro zur Entlastung Valencias
1939 März: Streitigkeiten zwischen Kommunisten und Anti-Kommunisten in Madrid
28. März: Einmarsch Francos in Madrid

man nicht fertig war, nahm er an. Er schrieb an die Familie Pfeiffer: *Die Roten mögen so schlimm sein wie man es ihnen nachsagt, aber sie sind nun einmal die Ansässigen, die gegen die abwesenden Verpächter aufstehen, die Mauren, Italiener und Deutschen. Außerdem weiß ich, daß die Weißen noch schlimmer sind, da ich sie gut kenne, und ich würde mir die anderen gern einmal ansehen, um herauszufinden wie es mit deren humanitärem Anspruch steht. Dies ist die Generalprobe für den unvermeidlichen europäischen Krieg.*[37] Mit anderen Intellektuellen trat Hemingway dem «Ambulance Corps Committee» der «American Friends of the Spanish Democracy» bei und schaffte es tatsächlich, Geld genug zu sammeln, um Krankenwagen, medizinisches Material und andere humanitäre Versorgungsgüter nach Spanien zu schicken. Als er davon hörte, daß der spanische Romancier Prudencio de Pereda einen Dokumentarfilm für die loyalistische Sache produzieren wollte, bot er ihm seine Hilfe an, schrieb den Kommentar neu und gab seine Erlaubnis, unter seinem Namen eine öffentliche Stellungnahme zu dem Film zu Werbezwecken zu publizieren. Bei seiner Rückkehr von Key West nach New York im Februar, traf er John Dos Passos bei den Vorbereitungen für einen anderen prorepublikanischen Film. Er sollte den Titel «Die spanische Erde» tragen und von dem Kameramann John Ferno unter der Regie des holländischen Kommunisten und Dokumentarfilmregisseurs Joris Ivens gedreht werden. Um die Finanzierung des Projekts zu sichern, gründeten Dos Passos, Hemingway, Archibald McLeish und führende Linksintellektuelle der Zeit wie Dorothy Parker, Lillian Hellman und ihr Mann Dashiell Hammett eine eigene Vertriebsgesellschaft, die «Contemporary Historians, Inc.».

John Dos Passos

1896 geboren in Chicago, Vater Anwalt
1912 Studium in Harvard
1916 Architekturstudien in Spanien
1917 Freiwilliger beim Ambulanzkorps des Roten Kreuzes
1921 «Drei Soldaten»
1925 «Manhattan Transfer» (erster Teil der Trilogie «U.S.A.»)
1926 Mitbegründer der linken Zeitschrift «New Masses»
1930–36 «Der 42. Breitengrad», «1919», «Hochfinanz»
1937 In Spanien mit Hemingway und Ivens Dreharbeiten für «Die spanische Erde»
1941 «Porträts großer Amerikaner», politischer Rechtsruck
1945 Berichte vom Kriegsende im Pazifik und den Nürnberger Prozessen für «LIFE»
1947 Autounfall, dabei Verlust eines Auges und Tod seiner Frau
1970 Stirbt in Baltimore

Ende Februar 1937 machte Hemingway sich dann endlich auf die Reise nach Europa und traf nach einem kurzen Aufenthalt in Paris am 20. März im belagerten Madrid ein. Die Stadt lag unter schwerem Feuer der nationalistischen Batterien auf den umgebenden Hügeln, und im Universitätsviertel lieferten sich nationalistische und republikanische Truppen erbitterte Gefechte. Die Sachlichkeit von Hemingways Bericht für die NANA unterstrich die gleichgültige Beliebigkeit, mit der der Tod in der Stadt wütete und die Zivilbevölkerung traf. *In Madrid war Sonntag und die Straßen waren voll Spaziergänger, und die Granaten kamen und es gab einen kurzen Blitz wie von einem Kurzschluß, und dann kam das Röhren und Krachen von fallendem Schutt. Während des Morgens wurde Madrid von 22 Granaten getroffen.*

Sie töteten eine alte Frau, die vom Markt kam und nach Hause ging. Was von ihr liegen blieb, war ein Knäuel schwarzer Kleider. Ein Bein war gegen die Wand des nächsten Hauses geflogen.

An einer anderen Stelle kamen drei Leute um. Hier war die 15-cm Granate auf einem Bordstein detoniert, und drei Kleiderbündel blieben im Dreck und Schutt liegen. Ein Auto, das die Straße herunterkam, stoppte plötzlich, und als der helle, brüllende Blitz vorbei war, stand es quer, und der Fahrer taumelte heraus. Seine Stirn hing ihm über die Augen herunter, und er setzte sich auf den Gehsteig, den Kopf in der Hand, und das Blut lief ihm glänzend über Backe und Kinn. (*Krieg auf den ersten Blick*, 49 D, S. 166) Zwei Tage nach seiner Ankunft besichtigte Hemingway mit Dos Passos das Schlachtfeld von Guadalajara. Brihuega, Fuenteduena de Tajo und die Sierra de Guadarrama – später einer der Schauplätze seines Bürgerkriegsromans *Wem die Stunde schlägt* – folgten. In der XI. und der XII. Internationalen Brigade lernte er Hans Kahle, Gustav Regler, die Generäle Karl Walter und Lukácz und den deutschen Arzt Werner Heilbrun kennen. Ihre Augenzeugenberichte sollten Grundlage vieler seiner Depeschen aus Spanien werden. Daneben wurde Hemingway zum häufigen Besucher des Abraham-Lincoln-Bataillons der XV. Brigade, in dem die amerikanischen Freiwilligen kämpften.

Die Dreharbeiten für «Die spanische Erde» begannen im April und dauerten bis Mai. Sofort nach ihrer Beendigung fuhr Hemingway in die Vereinigten Staaten zurück und machte sich auf einen großangelegten Werbefeldzug für die Sache der Loyalisten.

Mit Joris Ivens während der Dreharbeiten
zu «Die spanische Erde»

Am 8. Juli wurde der Film vor Präsident Roosevelt und seiner Frau im Weißen Haus gezeigt. Vorführungen in Hollywood schlossen sich an, wo der Film enthusiastisch begrüßt wurde und genug Spenden einbrachte, um weitere zwanzig Krankenwagen für die Republik zu kaufen. Schon im Juni hatte Hemingway auf dem Zweiten Amerikanischen Schriftstellerkongreß in New York eine flammende Rede gehalten, die den Faschismus als *eine von Tyrannen vorgebrachte Lüge* angriff. Hemingway betonte, daß es die Pflicht des Schriftstellers sei, nach der Wahrheit zu suchen und sie so darzustellen, *daß sie ein Teil der Erfahrung desjenigen wird, der sie liest.*[38] Hemingway begann zwischen Amerika und Spanien zu pendeln. Im September kehrte er in das noch immer schwer umkämpfte Madrid zurück und beobachtete die Kämpfe nahe Belchite und an der Cuenca-Front. Zwei Monate später schloß er sich dem Überraschungsangriff der loyalistischen Truppen auf das von den nationalistischen Rebellen besetzte Teruel an. Schon auf dem Weg nach Spanien hatte er mit Skizzen zu einem Theaterstück angefangen, das später unter dem Titel *Die fünfte Kolonne* erscheinen sollte. Philip Rawlings, der Held des Stückes, arbeitet für die Spionageabwehr der Loyalisten. Er kommt in Gewissenskonflikte, als er sich in die schöne Dorothy verliebt, die jedoch kein Interesse an seinen politischen Aktivitäten zeigt. Rawlings muß schmerzhaft erkennen, daß in seinem Leben kein Platz für eine Ehe ist, und ihm gelingt der entscheidende Schlag gegen die spanischen Faschisten und ihre deutschen Verbündeten mit der Aufdeckung und Gefangennahme des zivilen Führers der fünften Kolonne der Nationalisten in Madrid. Hemingway gelang es jedoch nicht, die Charaktere überzeugend zu zeichnen, und auch die Dialoge, sonst seine Stärke, wirkten unlebendig und steif, so daß Hemingways einziges Theaterstück heute zu Recht fast vergessen ist.

Auf seiner dritten Reise nach Spanien im April 1938 erlebte Hemingway dann den großen Durchbruch der faschistischen Offensive ans Mittelmeer und den Fall von Tortosa. Wie schon 1922 in Griechenland mußte Hemingway mitansehen, wie die Zivilbevölkerung am meisten litt. Unter dem Eindruck des endlosen Flüchtlingsstroms aus der belagerten Stadt entstand eine seiner anrührendsten Kurzgeschichten *Alter Mann an der Brücke*, in der ein alter Mann sich um seine zurückgelassenen Tiere, zwei Ziegen, eine Katze und vier Paar Tauben, sorgt. *«Aber was werden sie unter der Artillerie tun, wo man mich wegen der Artillerie fortgeschickt hat?»*

«Haben Sie den Taubenkäfig unverschlossen gelassen?» fragte ich.

«Ja.»

«Dann werden sie wegfliegen.»

«Ja, gewiß werden sie wegfliegen. Aber die andern? Es ist besser, man denkt nicht an die andern», sagte er.

«Wenn Sie sich ausgeruht haben, würde ich gehen», drängte ich. «Stehen sie auf, und versuchen sie jetzt einmal zu gehen.»

«Danke», sagte er und stand auf, schwankte hin und her und setzte sich rücklings in den Staub.

«Ich habe Tiere gehütet», sagte er eintönig, aber nicht mehr zu mir. «Ich habe doch nur Tiere gehütet.»

Man konnte nichts mit ihm machen. Es war Ostersonntag, und die Faschisten rückten gegen den Ebro vor. Es war ein grauer, bedeckter Tag mit tiefhängenden Wolken, darum waren ihre Flugzeuge nicht am Himmel. Das und die Tatsache, daß Katzen für sich selbst sorgen können, war alles an Glück, was der alte Mann je haben würde. (EudL, S. 74 f.)

Zur Zeit von Hemingways letzter Reise nach Spanien im November war die Republik bereits zum Untergang verdammt. Die Internationalen Brigaden wurden von der Front abgezogen, Heilbrun und Lukácz waren schon 1937 während des Angriffs auf Huesca gefallen, und er traf die Generäle Kahle und Lister beim Rückzug über den Ebro. Das Lincoln-Bataillon und die anderen amerikanischen Freiwilligen der Internationalen Brigaden warteten fünfzig Kilometer vor der französischen Grenze auf ihre Evakuierung. Als er Spanien am 15. November verließ, war Hemingway davon überzeugt, daß die Sache der Republik verloren war. Desillusioniert sprach er von einer *Orgie an Hinterlist und Verdorbenheit*, die sich in Spanien auf beiden Seiten abspiele.[39] Dennoch beklagte er sich bitterlich darüber, daß in der amerikanischen Öffentlichkeit zunehmend die Republikaner für den verlorenen Krieg verantwortlich gemacht und durch Verdrehung der Tatsachen zu Kriegsverbrechern gestempelt wurden, wie er empfand. *Im Krieg gibt es nur eines, das wichtig ist, und das ist zu gewinnen. Wenn man ein Dutzend Male verraten und verkauft worden ist und verloren hat, darf man sich nicht einmal dagegen wehren, daß man auch*

Mit General Hans Kahle, Ludwig Renn und Joris Ivens (v. l.)

noch verleumdet wird.[40] Im März 1939, ungefähr zur selben Zeit, als in Spanien die Republik zusammenbrach, begann Hemingway mit der Arbeit an seinem Bürgerkriegsepos *Wem die Stunde schlägt.*

Die Linke begrüßte Hemingways Engagement für die republikanische Sache und seine schriftstellerische Tätigkeit während dieser Zeit einstimmig als lange überfällige Stellungnahme eines Autors, der bis dahin politische und soziale Themen in seinen Werken vermieden hatte. Spätestens seit dem Erscheinen seines Romans *Die grünen Hügel Afrikas* hatte Hemingway unter Beschuß auch wohlmeinender Kritiker gestanden, die sich zunehmend außerstande sahen, seiner Vorliebe für Tod und Gewalt zu folgen. Kritiker wie Max Eastman von der «New Republic», frühere Bewunderer wie Charles B. Strauss und Abner Green oder Linke wie Robert Forsythe von den «New Masses» und Ivan Kaschkin in der Sowjetunion beispielsweise warfen ihm egozentrischen Eskapismus, puerilen Romantizismus und eine sterile Männlichkeitspose vor. Für sie konzentrierte Hemingway sich in einer Zeit, in der jeder verantwortungsbewußte Intellektuelle oder Schriftsteller die Notwendigkeit sozialen Handelns diskutierte, zu sehr auf seine private Mythologie der «Anmut unter Druck». Diese politische Abstinenz schien nun der Vergangenheit anzugehören. Hemingway begann Artikel für politisch linksstehende Magazine wie die «New Masses» oder «Ken» zu schreiben und hatte sich damit endlich der großen Gruppe westlicher Intellektueller, Schriftsteller und Künstler angeschlossen, die sich für die spanische Sache einsetzten. Bei schärferem Hinsehen fällt jedoch auf, daß eine genaue politische Analyse in diesen Depeschen und Artikeln fehlt. Wenn Hemingway politische Entwicklungen ansprach, dann, um seine Überzeugung zu unterstreichen, daß Italien das schwache Glied in der Kette der faschistischen Allianz sei und die westlichen Demokratien diese Schwäche zur Intervention in Spanien hätten nutzen sollen. Das politische, soziale und kulturelle Leben im kriegsgeschüttelten Spanien selbst findet keine oder kaum Erwähnung in Hemingways Artikeln. Politisch blieb Hemingway dem republikanischen Konservatismus seiner Jugend in Oak Park verhaftet, dem traditionell jeder staatliche Autoritätsanspruch zutiefst suspekt war. Vergleicht man seine Stücke mit den Werken anderer Autoren wie etwa George Orwell, Ralph Bates, Gustav Regler oder André

Malraux, kann man sich des Eindrucks nicht erwehren, daß die spanische Tragödie, trotz des leidenschaftlichen Antifaschismus Hemingways, letztlich vor allem Folie für die Abenteuerlust eines Autors war, der sich und seine Männlichkeit in ständigen Bewährungsproben immer neu beweisen mußte.

Dennoch war die zweite Hälfte der dreißiger Jahre eine Phase in Hemingways Leben, in der sich überhaupt erstmals ein erwähnenswertes soziales Bewußtsein in seinem Schaffen findet. Im September 1935 verwüstete ein Hurrikan Teile Floridas in der Nähe von Hemingways Wohnort. Besonders betroffen waren die Lager, die im Rahmen der New Deal-Arbeitsbeschaffungsmaßnahmen unter Präsident Roosevelt für ehemalige Kriegsteilnehmer eingerichtet worden waren. Etwa vierhundert der dort untergebrachten Veteranen wurden durch den Sturm getötet, daneben eine große Anzahl von Fischern und im Tourismus beschäftigten Einwohnern. Hemingway verdichtete den Schrecken, der sich ihm bot, in einem Brief in dem Bild zweier junger Frauen, die eine Sandwichbude und eine Tankstelle betrieben hatten und nun tot waren, *nackt, vom Wasser hoch in die Bäume geschleudert, verschwollen und stinkend, ihre Brüste groß wie Ballons, Fliegen zwischen ihren Beinen*[41]. Und sein Artikel «Wer ermordete die Veteranen?» für die linke Zeitschrift «New Masses» machte aus der Katastrophe einen scharfen Angriff auf die Bürokraten in Washington. Auch in dem nur teilweise geglückten episodischen Roman *Haben und Nichthaben*, den Hemingway 1933 angefangen hatte und 1937 veröffentlichte, bekannte sich zum erstenmal ein Hemingwayscher Held zu seiner Abhängigkeit von der Gemeinschaft. Tödlich verwundet erkennt Harry Morgan, der Alkohol und Flüchtlinge von Kuba zu den Key-Inseln schmuggelt, daß er einer Gesellschaft unterlegen ist, die nur Verachtung für ihre ärmeren Mitglieder übrig hat. *«Ein Mann», sagte Harry Morgan und sah sie beide an. «Ein Mann allein hat keine ...» Er hielt inne. «Ganz egal wie – ein Mann allein hat keine verdammt beschissene Chance.» Er schloß die Augen. Er hatte lange Zeit gebraucht, um es rauszukriegen, und er hatte sein ganzes Leben gebraucht, um es zu lernen.* (HuN, S. 390)

Die internationale Linke wertete dies als Bekehrung Hemingways. Allerdings trifft diese Einschätzung nur mit Einschränkungen zu. Noch am 15. August 1935 schrieb Hemingway trotzig und

Auf der «Pilar», Sommer 1934 (links Hemingways kubanischer Maat Carlos Guitiérrez, rechts posierend Jane Mason, das Vorbild für Margot Macomber in «Das kurze glückliche Leben des Francis Macomber» und Helene Bradley in «Haben und Nichthaben»)

in typisch amerikanischer Staatsverdrossenheit an den russischen Kritiker und Schriftsteller Iwan Kaschkin: *Jeder versucht einen jetzt mit der Behauptung einzuschüchtern, wenn man nicht Kommunist werde oder einen marxistischen Standpunkt einnehme, wird man keine Freunde haben und allein sein. Anscheinend meint man, das Alleinsein sei etwas Schreckliches; oder daß man sich davor fürchten muß, keine Freunde zu haben. Mir wäre ein ehrlicher Feind lieber als die meisten Freunde, die ich bis jetzt habe. Ich kann kein Kommunist werden, weil ich nur an eines glaube: an Freiheit. Als erstes würde ich mich um mich selbst kümmern und meine Arbeit machen. Dann würde ich mich um meine Familie kümmern. Dann würde ich meinen Nachbarn helfen. Aber um den Staat kümmere ich mich überhaupt nicht.*[42] Ähnliches hatte er auch Harry Morgan in den Mund gelegt. Als der kubanische Revolutionär Emilio über die Tyrannei des imperialistischen Kapitalismus herzieht, denkt Harry: *Zum Teufel mit ihren Revolutionen. Alles, was mich angeht, ist, das tägliche Brot für meine Familie zu verdienen, und das kann ich nicht. Zum Teufel mit seiner Revolution.* (HuN, S. 355) Harry Morgan ist kein politisch reflektierter oder gar reflektierender Held. Eher dämmerte Hemingway langsam, daß der «Sonderfrieden», den er seinen Nick Adams in *Männer ohne Frauen* oder Frederic Henry in dem Roman *In einem andern Land* hatte schließen lassen, nicht länger aufrechtzuerhalten war. Hemingways Ambivalenz zeigte sich auch in seinem großen Epos des Spanischen Bürgerkriegs, dem Roman *Wem die Stunde schlägt.* Robert Jordan, der amerikanische Universitätsdozent und Held des Romans, der in vielem Major Robert Merriman, einem ehemaligen Wirtschaftsprofessor aus Kalifornien ähnelt, den Hemingway bei der XV. Internationalen Brigade kennengelernt hatte, aber ansonsten deutlich Züge seines Schöpfers selbst trägt, bewegt sich zwischen politischer Abstinenz und enttäuschtem Idealismus. Ursprünglich nach Spanien gekommen, um *für alle Armen in der Welt, gegen alle Tyrannei* zu kämpfen (WdS, S. 231), stellt er sich der Gruppe von Guerillas, mit denen er eine Brücke sprengen sollte, eingangs als Pragmatiker dar, der allein seine Pflicht erfüllen will. Auch später erscheint das sozialistische Anliegen der Leute um ihn herum für Jordan nur unter militärischen und pragmatischen Gesichtspunkten akzeptierbar. *Und wie steht es mit der sogenannten neuen Gesellschaftsordnung und all diesen Dingen? Darum sollen sich die anderen kümmern. Er hat nach dem Krieg anderes vor. Er kämpft in diesem Krieg mit, weil er das Land liebt und an die Republik glaubt und der Überzeugung ist, ihr Untergang würde allen ihren Anhängern das Leben unerträglich machen. Für die Dauer des Krieges hat er sich der kommunistischen Disziplin unterworfen. Hier in Spanien sind die Kommunisten die diszipliniertesten Leute, und sie führen den Krieg auf die klügste und gesündeste Weise. Er unterwirft sich ihrer Disziplin für die Dauer des Krieges, weil sie, was die Kriegsführung betrifft, die einzige Partei sind, deren Partei und Disziplin er akzeptieren kann. [...] Was hat er also für eine politische Anschauung? Gar keine, sagte er zu sich. Aber das darfst du niemandem verraten, dachte er. Gib es niemals zu!* (WdS, S. 162)

Als Maria, eine junge Frau, die von den falangistischen Soldaten vergewaltigt worden ist, ihn fragt, ob er Kommunist sei wie die

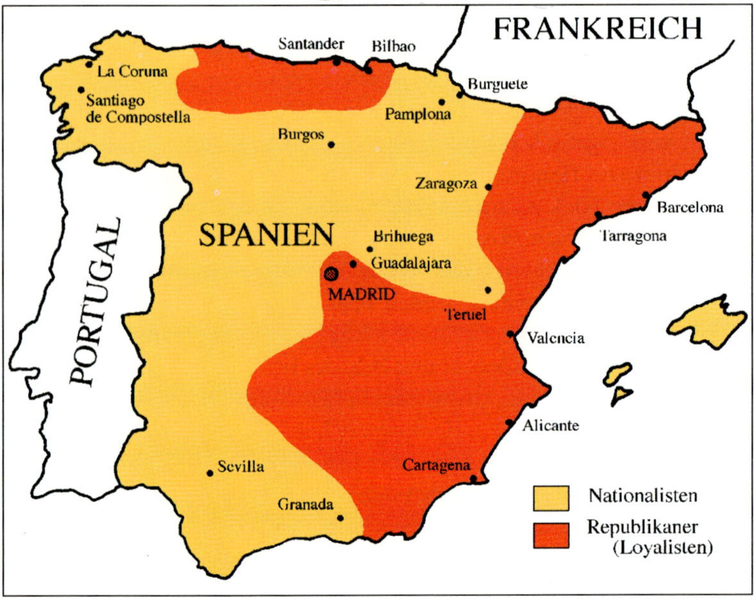

Spanien 1936

anderen, antwortet Robert Jordan ihr, er sei Antifaschist und schon sein Vater und Großvater seien Republikaner gewesen (für Hemingways Schwanken spricht, daß er Jordan diese Frage in der ersten Fassung des Romans noch schlichtweg mit «Ja» beantworten ließ[43]). Andererseits fühlt sich Jordan auch als Teilnehmer an einer Art Kreuzzug. *Man hatte trotz allem Bürokratismus, trotz aller Unfähigkeit und trotz aller Parteizänkereien eine ähnliche Empfindung, wie man sie als Konfirmand zuerst erwartet und nachher nicht erlebt hat, das Gefühl der Hingabe an eine heilige Pflicht gegenüber all den Unterdrückten der Welt, ein Gefühl, über das man ebenso ungern redet wie über ein religiöses Erlebnis und das doch genauso echt ist wie das Gefühl, das einen überkommt, wenn man Bach hört oder in der Kathedrale von Chartres oder von León steht und das Licht durch die großen Fenster hereinfallen sieht. […]*

Du kämpfst also, dachte er. Und im Kampf verliert man sehr bald die Reinheit des Empfindens – wenn man am Leben bleibt und sich gut gehalten hat. (WdS, S. 230)

Letztlich ist *Wem die Stunde schlägt* ein zutiefst romantischer Roman. Verschiedene Kritiker haben angemerkt, daß *Wem die Stunde schlägt* zwar künstlerisch die Atmosphäre und Widersprüchlichkeiten des Spanischen Bürgerkriegs meisterhaft in Szene setze, aber viele Elemente, wie die zentrale Liebesgeschichte zwischen Jordan und Maria, die gestelzte Sprache auch einfacher Leute bis hin zu falschem Spanisch oder die Massierung der geschilderten Grausamkeiten, eher romantischer Zuspitzung gehorchten als realistischer Beschreibung. Denn die *Reinheit des Empfindens*, um die Jordan bangt, gewinnt er zurück, als er sich in Maria und sie sich in ihn verliebt. Sie wird ihm am Ende des Romans, als er schwer verletzt den Rückzug seiner Partisanengruppe deckt und darauf wartet, vom Feind entdeckt und erschossen zu werden, das Gefühl geben, für etwas Sinnvolles zu sterben. Hier bestätigt sich noch einmal, daß das Anliegen Hemingways mit dem Roman in der Tat viel eher ein humanitäres war als ein politisches, die erfahrene Gemeinschaft von Menschen, die er selbst in dieser Phase seines Lebens so sehr suchte und zugleich floh. Hemingways Tendenz, sich mit «einfachen» Menschen wie Mechanikern, Bootskapitänen, Fischern, Cowboys, Ranchern und Touristenführern zu umgeben, kann sowohl als Bedürfnis gedeutet werden, den eigenen Minderwertigkeitsgefühlen auszuweichen und der geistig Überlegene zu sein, wie auch der Aura der Berühmtheit zu entfliehen, die sich um ihn nicht zuletzt durch sein eigenes Zutun gebildet hatte.

Den ganzen Winter 1939 und Sommer 1940 arbeitete Hemingway wie besessen an dem neuen Buch, hin- und hergerissen zwischen Gefühlen des Zweifels und der Zuversicht. Einen Mißerfolg wie *Die grünen Hügel Afrikas* konnte, wollte er sich nicht noch einmal leisten. Im Februar schrieb er an seinen Verleger: *Charlie, nichts hat mehr Zukunft. Ich hoffe, Du stimmst mir zu. Darum gefällt's mir im Krieg. Da besteht jeden Tag und jede Nacht die große Wahrscheinlichkeit, daß man getötet wird und nicht mehr schreiben muß. Um glücklich zu sein, muß ich schreiben, ob ich dafür bezahlt werde oder nicht. Aber es ist eine teuflische Krankheit, damit geboren zu werden. Mir macht es Spaß. Was noch schlimmer ist. Denn dadurch wird es von einer Krankheit zu einem Laster. Obendrein will ich es besser machen als jeder andere je zuvor, und dadurch wird es zur Manie. Eine Manie ist etwas Furchtbares.*[44]

Bei der Arbeit an «Wem die Stunde schlägt»,
Sun Valley, Dezember 1939

Hatte er den Titel für *In einem andern Land* dem «Oxford Book of Poetry» entnommen, wurde Hemingway nun, wieder nicht sehr erfindungsreich, im «Oxford Book of English Prose» mit einem Zitat von John Dunne fündig: «Niemand ist eine I n s e l, ganz für sich allein; jedermann ist ein Teil des F e s t l a n d e s, ein Teil des Ganzen;

[...] eines jeden Menschen Tod bekümmert mich, weil es mir um die Menschheit geht; Und darum frage nie wem die Stunde schlägt; Sie schlägt für dich [...]» Im Oktober 1940 erschien *Wem die Stunde schlägt* in einer Auflage von 160 000 Exemplaren bei Scribner's und weiteren 200 000 Stück für den «Book of the Month Club». Die Reaktion war überwältigend. Innerhalb eines Jahres waren eine halbe Million Exemplare verkauft. Zwar wurde Hemingway der Pulitzer-Preis wegen der «unmoralischen» Stellen verweigert, die Kritik indes war mehr als angetan. Das bürgerliche Lager lobte den idealistischen Ton des Romans und die erzähltechnische Kompetenz Hemingways, die liberalen Kritiker hoben den libertär-individualistischen Grundzug hervor. Von links und von Mitgliedern der Internationalen Brigaden kam erwartungsgemäß scharfe Kritik wegen der unvorteilhaften Beschreibung der Rolle der Kommunisten, die Hemingway als eitle Marionetten in den Händen der Russen und tief den Bedürfnissen des Volkes entfremdet geschildert hatte, sowie wegen der schockierenden Wiedergabe eines (historisch belegten) Massakers in einem kleinen Dorf, bei dem republikanische Soldaten die profaschistische Dorfführung grausam hinrichteten. Andere führende Kriegsteilnehmer wie Hans Kahle, Gustav Regler, Gustavo Duràn oder Steve Nelson jedoch lobten das Buch.

Haare «wie ein Weizenfeld im Wind»: Martha Gellhorn

Auch privat hatte Hemingway wieder allen Grund, glücklich zu sein. Die Szenen mit Maria, die dem Roman etwas eigenartig Sentimentales, Unrealistisches gaben, waren nicht umsonst darin enthalten, auch wenn sie erzählerisch den Kontrast zum Kriegsgeschehen bildeten. Hemingway hatte eine neue Liebe für sich entdeckt. Martha Gellhorn hieß sie, war dreizehn Jahre jünger als er und arbeitete für das «Collier's Magazine». Hemingway war ihr das erste Mal begegnet, als sie nach Key West kam, um ein Interview für «Collier's» mit ihm zu machen. 1937 hatte er sie in Spanien wiedergetroffen, als sie von dort berichtete. Drei Jahre später heirateten sie in Cheyenne in Wyoming. Martha Gellhorn war anders als die beiden ersten Frauen Hemingways. Ihr Vater war ein österreichischer Gynäkologe, der in die USA ausgewandert war, sie war in dem Elitecollege Bryn Mawr erzogen worden und hatte bereits einen Roman und einen hochgelobten Band Kurzgeschichten veröffentlicht, als sie Hemingway das erste Mal traf. Als er sie im November 1940 heiratete, hatte sie fast vier Jahre in freier Verbindung mit ihm gelebt. Kurzum, sie hatte eigene berufliche und literarische Interessen und war selbst eine ambitionierte Journalistin, die in Gesprächen und in ihren Reportagen eine reflektierte linksliberale Position bezog. Etwas von ihrer emanzipierten Ausstrahlung gibt der Eindruck wieder, den John Hemingway bei seiner ersten Begegnung von ihr hatte. «Ich lernte sie kennen, als Papa mir sagte, ob ich sie beide nicht bei der Premiere von ‹Die spanische Erde› in New York treffen wolle. Also kam ich von der Schule herüber, und im Kino trat plötzlich eine atemberaubend aussehende Blondine auf mich zu und sagte. ‹Du mußt Bumby sein.› Ich sagte, ‹Ja, natürlich›, und bekam sogar eine Umarmung ab, soweit ich mich erinnern kann. Ich glaube, sie war auch die erste attraktive Dame, die ich je das Wort ‹ficken› habe aussprechen hören, obwohl es aus ihrem Mund einfach nicht schockierend klang. Sie gebrauchte es so nett, so beiläufig, daß ich in Zusam-

Martha Gellhorn, kurz nachdem sie Hemingway kennengelernt hatte

menhang mit ihrer Herkunft dies immer noch nicht verstehen kann, denn sie kam aus einer ordentlichen Familie in St. Louis, wie alle Frauen meines Vaters außer Mary.»[45] Sehr zum Leidwesen Hemingways fügte sich Martha nie über längere Zeit dem locker improvisierten Lebensrhythmus auf der Finca Vigía, die sie im März 1940 auf Kuba mit Hemingway anmietete und die Hemingway dann im Dezember 1940 mit den ersten Einkünften aus *Wem die Stunde schlägt* kaufte, um von da an dort die Sommer zu verbringen. Zeitweise flüchtete sie geradezu vor dem ständigen Kommen und Gehen der Besucher und Freunde auf der Finca, den Trinkgelagen, Boots-, Angel- und Jagdpartien. Sie war bereit, etwas aufzubauen, aber nicht um den Preis, sich ständig darum kümmern zu müssen, und vor allem nicht um den Preis der Aufgabe ihres Berufs. Außerdem kam sie nur schwer mit Hemingways zunehmend entzivilisierten Gewohnheiten und Ticks zurecht, wie etwa seinen über dreißig Katzen, die er mit der Zeit auf der Finca Vigía um sich herum ansammelte.

Im Oktober 1940 schrieb Hemingway aus Sun Valley in Idaho an Max Perkins: *Dorothy Parker und ihr Mann sind hergekommen; Gary Cooper und seine Frau sind auch hier, und wir haben hier also viel Gesellschaft; morgen fahren wir daher in das urwüchsige Gebiet an der mittleren Gabelung des Salmon-Flusses.*[46] Sun Valley ersetzte die Nordquist Ranch in Wyoming, auf der Hemingway regelmäßig mit Pauline zu Gast gewesen war. Martha und er waren zu einem herbstlichen Jagdausflug gekommen, um Enten zu schießen. Zufällig hatten sie dabei Gary Cooper und dessen Frau kennengelernt, die ebenfalls in Sun Valley jagen wollten. Die beiden Paare freundeten sich an. Besonders Martha fand Gefallen an der Eleganz und Weltläufigkeit der Coopers. *Seit Marty mit den Coopers hiergewesen ist, wünscht sie sich mich in modischer Kleidung und dergleichen – aber nur die Schwindsucht könnte mich auf Coopers Maße herunterbringen und dann hätte ich immer noch dasselbe gottverdammte Gesicht. [...] Gute Entenjagd hier jetzt*, notierte Hemingway grollend.[47] Kurz nach dem Erscheinen von *Wem die Stunde schlägt* hatte die Paramount für 136 000 Dollar die Filmrechte an dem Roman gekauft. In Cooper, groß, verschlossen und männlich gutaussehend, traf Hemingway endlich den Schauspieler, der seinen Robert Jordan spielen konnte. Er schlug ihn der Paramount vor. Für die Rolle der Maria wollte er Ingrid Bergman haben, deren Stern damals aufzusteigen begann. Zwei Jahre später sollten die Dreharbeiten unter der Regie von Sam Wood beginnen. Vorerst aber gestand Martha Hemingway, daß sie wieder einen Auftrag für «Collier's» angenommen hatte. In Europa und Asien herrschte Krieg, und man hatte sie bereits als Kriegsberichterstatterin akkreditiert. Einen Monat später brach sie in Richtung finnisch-russischer Kriegsschauplatz nach Europa auf, wo sie bis Januar 1941 blieb – sehr zum Verdruß ihres Mannes.

Auch wenn Hemingway sich in seinen Romanen und Kurzgeschichten darin gefiel, Männer ohne Frauen zu beschreiben, in seinem Privatleben ließ sich bezeichnenderweise immer wieder eine gegenteilige Tendenz beobachten – ohne eine Frau in seiner Umgebung fühlte Hemingway sich hilflos. Nach Marthas Abreise verhielt er sich wie ein kleiner Junge, dem seine Mutter nicht genug Beachtung schenkte, entwickelte Vereinsamungsgefühle, versank in Selbstmitleid und flüchtete sich trotzig in den Alkohol. Er regredierte auch äußerlich, ließ sich gehen. Martha reagierte nach ihrer Rückkehr zunächst mit Humor und Ironie, ließ sich aber nicht auf das infantile Spiel ein und nahm weiter Aufträge an. Statt Zuwendung erreichte Hemingway das Gegenteil. Sein ungewaschener Primitivismus erregte Marthas Abscheu, und oft stand sie hilflos vor seinem zunehmenden Verfall und seinen groben, oft körperlich aggressiven Späßen. Sie wußte, daß er eine neue Aufgabe brauchte.

Im Februar 1941 gelang es Martha, Hemingway zu einem gemeinsamen Trip als Kriegsberichterstatter zur chinesisch-japanischen Front zu überreden. Mit neugewonnenem Elan besann sich Hemingway auf seine journalistischen Qualitäten und schrieb sechs Artikel für das liberale Massenblatt «PM» mit durchaus realistischer Einschätzung der politischen und militärischen Lage. Die beiden bereisten den gesamten ostasiatischen Kriegsschauplatz, führten Interviews und Gespräche mit hohen britischen Militärs,

Hemingway und Martha Gellhorn mit Madame Chiang, der Frau von Chiang Kai-shek, vor dessen Bunker

General Chiang Kai-shek, chinesischen Kuomintangoffizieren, dem amerikanischen Botschafter. Hemingway lief zu Hochstimmung auf, experimentierte mit der journalistischen Form, wie in seinem Bericht vom Bau eines Flugplatzes in Nordsetschuan, in dem er neben eine Anhäufung von Zahlen den einem Altdorferschen Schlachtengemälde gleichenden Anblick der arbeitenden Chinesen stellt, um auf das ungeheure Menschenpotential Chinas hinzuweisen. *Bei Beginn der Arbeiten holten sechzigtausend Arbeiter zweihundertzwanzigtausend Kubikmeter Kies aus einem Flußabschnitt von acht Kilometern Länge. Fünfunddreißigtausend Steinklopfer stellten den Schotter her. Fünftausend Schubkarren und zweihunderttausend Körbe, die an Tragstangen hingen, waren in Gebrauch. Die Tragbalken bogen sich unter der doppelten Last bis hin zum Brechen. Die Männer arbeiteten in zwölfstündigen Schichten. […]*

Das erste, was ich von ihnen sah, war eine Staubwolke, die die Straße herunterkam, zusammen mit einer Armee von Kleiderfetzen, verhornten Füßen und pockennarbigen Gesichtern. Sie marschierten in der Staubwolke und sangen, und ihre zerschlissenen Fahnen knatterten im Wind. (*Chinesen bauen einen Flugplatz*, 49 D, S. 217) Die Rückkehr in die USA allerdings war ernüchternd. Hemingway mußte erfahren, daß seine Einkommensteuer für 1940 75 Prozent betrug, für 1941 blieben ihm 137 357,01 Dollar, die knapp ausreichten, seine fixen Verbindlichkeiten zu decken. Als einziger Ausweg blieb Hemingway, mindestens drei Monate ohne Unterbrechung außerhalb der USA zu verbringen, um den Status eines «resident abroad» zu bekommen.

«Er wurde niemals müde, wahren Geschichten aus dem Leben zuzuhören, je unwahrscheinlicher, desto besser. Er brachte es fertig, mit einem Trupp von Männern fast den ganzen Tag oder die ganze Nacht lang zusammenzusitzen. Oder sogar fast den ganzen Tag und die ganze Nacht, wenn auch vielleicht mit anderen Leuten, wo immer er sich einmal niedergelassen hatte. Alle wurden durch ununterbrochen herbeigeschaffte Getränke gestärkt, während er über Anekdoten und Erinnerungen vor Lachen brüllte.»
Martha Gellhorn: «Reisen mit uns und ihm»

Die Eroberung des Ritz

Am 7. Dezember 1941 griffen japanische Luft- und Unterwasserstreitkräfte überraschend die amerikanische Pazifikflotte in Pearl Harbour an und versenkten neunzehn der dort liegenden Schlachtschiffe. Einen Tag danach erklärten die USA Japan den Krieg, wenige Tage später befanden sie sich auch mit Deutschland und den Achsenmächten als den Bündnispartnern Japans im Kriegszustand. Hitlers Krieg in Europa war zum Weltkrieg geworden.

Mit dem Argument, daß der Radius deutscher Unterseeboote bis vor die amerikanische Küste reiche, schaffte es Hemingway, daß die «Pilar» offiziell als eine Art U-Bootfalle anerkannt wurde. Mit seinen Universal- und Chrysler-Marine-Motoren von 45 und 90 PS hatte das Boot einen Aktionsradius von 500 Seemeilen und konnte bis zu 8 Knoten laufen. Die «Pilar» wurde mit einer Funkanlage ausgestattet, erhielt ein Geschütz und zusätzlich Maschinengewehre und Wasserbomben. Falls ein U-Boot auftauche, verkündete Hemingway großartig, wolle er sich zum Schein ergeben und dann das aufgetauchte Boot in die Luft sprengen. Aus Marthas Sicht allerdings war Hemingways militärischer Eifer nur Vorwand dafür, etwas von dem rationierten Dieselöl zu bekommen, auf Fischfang zu gehen und sich ordentlich betrinken zu können. Zwei Jahre lang kreuzte Hemingway mit seiner «Pilar» und einer Besatzung von neun Mann ebenso regelmäßig wie erfolglos durch die kubanischen Küstengewässer, bis die «Gaunerfabrik», wie Hemingway sein Boot stolz nannte, schließlich von Washington ihrer Funktion enthoben und die Spionageabwehr dem FBI übertragen wurde, dessen Agenten Hemingways martialische Amateurstreitkräfte schlichtweg auslachten.

Da Hemingway sich beharrlich weigerte, Kuba wieder zu verlassen, mußte Martha sich etwas einfallen lassen, dies um so mehr, als sie darauf brannte, wieder nach Europa zu kommen. Kurzerhand bat sie Roald Dahl, den späteren Schriftsteller und damaligen stellvertretenden Luftwaffenattaché an der britischen Botschaft in Washington, um Hilfe. Dahl ließ Hemingway daraufhin

Die «Pilar»

die Nachricht zukommen, daß die RAF sich geschmeichelt fühlen würde, wenn ein Schriftsteller von seinem Rang über ihre Taten in einer amerikanischen Zeitschrift berichten würde. Sollte Hemingway erwägen, einen solchen Auftrag zu übernehmen, würde er in Großbritannien als eine Person betrachtet werden, die mit «kriegswichtigen Angelegenheiten» beschäftigt sei, und offiziell mit dem Flugzeug nach London gebracht werden. Geschmeichelt willigte Hemingway ein. Im März 1944 erhielten Hemingway und Martha ihre Akkreditierungen als Kriegsberichterstatter für «Collier's» und machten sich auf den Weg nach England.

Hemingway im Krieg, das bedeutete zunächst einmal, daß er sich im Dorchester in der Park Lane einquartierte. Wie schon in Paris zwanzig Jahre zuvor lud er jedermann zum Boxkampf ein, gab sich als Stierkampfexperte aus, erzählte von seinen Abenteuern als U-Bootjäger, flegelte herum und war der große amerikanische Schriftsteller. Bald empfing der Kriegsberichterstatter die Presse beim Frühstück zu Ham and Eggs und Whisky. Die Strafe kam eines Nachts. Ein alter Freund aus den Tagen des Spanischen Bürgerkriegs, der «LIFE»-Fotograf Robert Capa, veranstaltete eine Party. Auf dem Rückweg fuhr das Auto, in dem Hemingway mitgenommen wurde, gegen einen Wassertank, und Hemingway trug eine große Kopfwunde und eine Gehirnerschütterung davon. Martha, die auf dem Seeweg nach London gekommen war, als einziger Passagier auf einem Frachter mit einer hochexplosiven Ladung, immer in Gefahr, von deutschen U-Booten angegriffen zu werden, fand ihn Mitleid und ihre Liebe heischend mit verbundenem Kopf in einem Bett der London Clinic liegend vor. Spöttisch machte sie sich über den großen Krieger lustig und schalt ihn einen verantwortungslosen, pflichtvergessenen Säufer. Hemingway sollte es ihr nicht verzeihen.

Hemingway war gerade noch rechtzeitig nach Europa gekommen, um am D-Day teilzunehmen, der alliierten Invasion in der Normandie am 6. Juni 1944. Zwar setzte er erst nach der eigentlichen Landung über, und Martha kam ihm mit ihrem Bericht zuvor, aber das mußten die Leser von «Collier's» ja nicht unbedingt wissen: *Wenn eine Welle das Boot hob, wurden die grünen Schauer weiß und schäumten über die Soldaten, die Gewehre und die Munitionskisten hin. Voraus war die französische Küste zu sehen. Die Transportflotte mit ihren Masten, Ladebäumen und Kränen lag jetzt hinter uns, und überall auf dem Meer sah man die Landungsfahrzeuge vorankriechen, auf Frankreich zu. Von der Höhe der Woge aus sah man auch die gedeckten Silhouetten der Kreuzer und die beiden großen Schlachtschiffe, die quer vor der Küste lagen. Man sah das weiß-glühende Mündungs-*

Beim Studieren der Karte in Frankreich, 1944

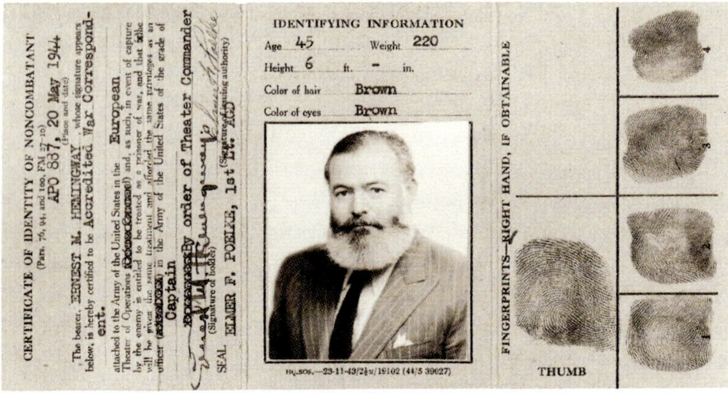
CERTIFICATE OF IDENTITY OF NONCOMBATANT
(Pars. 76, 94, and 100, FM 27-10)

APO 887, 20 May 1944
(Place and date)

The bearer, ERNEST M. HEMINGWAY, whose signature appears below, is hereby certified to be Accredited War Correspondent.

attached to the Army of the United States in the European Theater of Operations and, as such, in event of capture by the enemy is entitled to be treated as a prisoner of war, and that he will be given the same treatment and afforded the same privileges as an officer in the Army of the United States of the grade of Captain

By order of Theater Commander

(Signature of bearer)

SEAL ELMER F. POELKE, 1st Lt. AGD
(Signature of issuing authority)

IDENTIFYING INFORMATION

Age 45 Weight 220

Height 6 ft. - in.

Color of hair Brown

Color of eyes Brown

HQ.SOS.—23-11-43/2½M/19102 (44/5 39027)

FINGERPRINTS—RIGHT HAND, IF OBTAINABLE

THUMB

Hemingways Ausweis als Kriegsberichterstatter

feuer ihrer Geschütze und den braunen Rauch, den sie ausstießen, gegen den Wind, der ihn beiseite wischte.

«Was liegt an, Rudergänger?» Lieutenant Robert Anderson aus Roanoke, Virginia, rief es vom Achterschiff.

«Zwo-zwanzig, Sir», antwortete der Rudergänger, Frank Currier aus Saugus, Massachussetts. Seine Augen stierten auf den Kompaß. Er hatte ein junges, schmales Gesicht und Sommersprossen. (*Reise in den Sieg*, 49 D, S. 219). Wieder zurück in England, flog Hemingway in Maschinen der Royal Airforce mit, um zu sehen, wie sie die V-1-Raketen abfingen, mit denen die deutsche Wehrmacht Südengland und London beschoß. Am 18. Juli schloß sich Hemingway dann einer von General Pattons Panzerdivisionen an, wechselte aber bald zu General Bartons 4. Infanteriedivision über, wo er sich mit dem Obersten (später dann Generalmajor) Charles «Buck» T. Lanham anfreundete. Hemingway war in seinem Element, griff aber in seinem Übermut oft aktiver in das Geschehen ein, als es für einen Kriegsberichterstatter nach der Genfer Konvention zulässig war. In einer später angesetzten Kriegsgerichtsverhandlung, in der etliche Anwürfe gegen ihn geklärt werden sollten, konnte er jedoch geschickt alle Verletzungen seines Status als Kriegsberichterstatter abstreiten und wurde freigesprochen.

Dann kam Hemingways Befreiung von Paris: *September 1944. Wir zogen in Paris in voller Ausrüstung ein, befreiten den Traveller's*

Club, das Ritz usw. und hatten eine wunderbare Zeit. Ich mußte einige Artikel schreiben. Versuchte sie hinter mich zu bringen, um mich der Division dann wieder anzuschließen.[48] Tatsache ist, daß Hemingway am 2. August in Rambouillet war, fünf Tage vor der Befreiung der Stadt und drei Wochen bevor General Leclerc dort eintraf. Aufgrund seiner Französischkenntnisse konnte sich Hemingway als Verbindungsoffizier zwischen den französischen Partisanenpatrouillen und den amerikanischen Truppen nützlich machen und scharte so einen kleinen Stab von Männern um sich herum. Am 25. August marschierte er mit dieser Handvoll Männer durch den Bois de Bologne und schlug sich über Umwege zum Traveller's Club an den Champs-Élysées und zum Ritz an der Place Vendôme durch, wo er sich in Zimmer 31 einquartierte und Champagner und Cognac trinkend erst einmal hofhielt – unter seinen Besuchern befanden sich in den folgenden Wochen André Malraux, Jean-Paul Sartre, Simone de Beauvoir, George Orwell und Jerome D. Salinger. Abgesehen von einigen kurzen Unterbrechungen blieb das Ritz Hemingways Standort für den Rest der Zeit in Europa bis zu seiner Rückkehr in die USA. Im September 1944 reist er auf einen nicht ganz ernst gemeinten, spöttischen Brief Lanhams hin, wo er denn bleibe, noch einmal für drei Wochen an die Front und ist bei den schweren Kämpfen um den Westwall im Hürtgenwald dabei. Er ist tapfer, voller Humor und mitten im Kampfgeschehen. Im Oktober erlebt er den letzten verzweifelten Vorstoß der Panzer des Generalfeldmarschalls von Rundstedt in der deutschen Ardennenoffensive. An Max Perkins schreibt er: *Habe den Stoff für ein wunderbares Buch. Habe an jedem Unternehmen der Division bis kurz vor dem Durchbruch teilgenommen. Wenn ich noch etwas länger Glück habe, will ich aussetzen und an einem Buch darüber arbeiten. Will einen Roman schreiben – kein Kriegsbuch. Er soll das Meer und die Luft und die Erde in sich haben.*[49]

Die Reportagen aus dieser Zeit leben von Hemingways Vorliebe für persönliche Beobachtung und persönliche Quellen. Er strebt nicht Faktentreue an, sondern Stimmung und Atmosphäre, die er durch erzählerische Mittel wie erfundene Dialoge und dramatisierte Szenen herstellt. Trotz seiner Vorliebe für militärische Aktionen thematisieren die Geschichten, die er an «Collier's» abschickt, vor allem die Grausamkeit des Krieges und die Sinnlosig-

Mit Colonel Charles T. Lanham nach dem Durchbruch durch deutsche Abwehrstellungen, 18. September 1944

keit des Todes auf dem Schlachtfeld. *Wenn Sie wirklich wollen, und ich weiß noch eine Menge, werde ich froh sein, wenn ich Ihnen erzählen kann, was in den nächsten zehn Tagen in diesen Wäldern los war, alles, auch von den Gegenangriffen und von der deutschen Artillerie. Solange man es noch weiß, ist es eine sehr, sehr interessante Geschichte. Wahrscheinlich hat sie sogar etwas Episches an sich. Zweifellos werden Sie sie irgendwann im Kino sehen.*

Man könnte wirklich ein Drehbuch daraus machen, und ich höre den Colonel noch sagen:

Das Einzige, was die Filmleute wahrscheinlich kaum hinkriegen werden, sind die SS-Leute nach den Explosionen, die schwarzen Gesichter, das Blut aus Nase und Mund, und wie sie sich hinknieten und sich den Magen hielten und kaum noch imstande waren, den Panzern aus dem Wege zu gehen. Aber vielleicht wirkt das im Kino noch realistischer. (*Krieg an der Siegfried-Linie*, 49 D, S. 263) Weihnachten verbringt Hemingway in Luxemburg, wo er Martha wiedertrifft. Die Begegnung wird zur Katastrophe, und sie beschließen, sich zu trennen. Drei Monate später ist Hemingway auf dem Heimweg in die USA.

Mrs. Ernest Hemingway Nr. 4: Mary Welsh

Kurz nach seiner Ankunft in London hatte Hemingway eine überaus attraktive Blondine aus Minnesota kennengelernt, die für den «Daily Express» arbeitete. Sie hieß Mary Welsh und war mit einem Reporter der «Daily Mail» verheiratet. Nachdem ihm Martha in der London Clinic so offensichtlich ihren Mangel an Liebe bewiesen hatte, begann der gekränkte Hemingway Mary unverblümt den Hof zu machen – mit Versen, die in ihrer Verliebtheit im Vergleich zu seiner zurückgenommenen Prosa fast unbeholfen wirken. *Denn jetzt am Abend, mit Absicht allein, beobachte ich die Uhr, wie sie elektrisch tickt und vorwärts springt auf die Stunde zu, wenn sie kommt und leise aufschließt mit dem steckengebliebenen Schlüssel. Sagt: ‹Darf ich hereinkommen?› Kommt leise und lieblich für Auge und Hand, um dein Herz zurückzubringen, das fort war; alle Einsamkeit zu heilen und das zu bringen, was wir auf dem Boot zurücklassen mußten.* [50] Und sie kam herein. Als Hemingway das Ritz zu seiner Residenz in Paris machte, zog Mary, die er wegen ihrer wohlproportionierten, aber zierlichen Figur liebevoll-genüßlich sein «Gürkchen» nannte, mit ein. Nur zu bald allerdings lernte sie «Papa», wie Hemingway sich inzwischen nennen ließ, auch von seiner anderen Seite kennen. Im Ritz übertrug Hemingway seine Rachsucht gegen Martha auch auf Marys Mann, der offenbar der Scheidung Hindernisse in den Weg stellte, und feuerte mit einer Maschinenpistole auf dessen Porträt, das er auf die Klosettschüssel gestellt hatte. Aber Mary bewunderte Hemingway, sie war anpassungsfähig und sie war in ihn verliebt – genau das richtige, um Hemingways verletzte männliche Eitelkeit wiederherzustellen.

Auch als Hemingway nach Kuba zurückkehrte, paßte Mary sich den neuen Lebensumständen an, obwohl es ihr schwerfiel, ihre journalistische Tätigkeit einzuschränken und fortan finanziell abhängig zu leben. Anders als Martha sah sie ihre Aufgabe an seiner Seite. Es war eine Welt, die sie vorher nicht gekannt hatte: Während Hemingways ersten beiden Frauen aus dem wohlhaben-

Mary und Ernest auf der Finca Vigía

den Bürgertum stammten, kam Mary Welsh aus bescheidenen Verhältnissen. Auf der Finca Vigía stand sie plötzlich einem großen Haushalt mit vier Gärtnern, Koch, Butler, Zimmermädchen, zwei kleinen Jungen und Chauffeur vor. Aber Mary meisterte die Situation, lernte Spanisch, sprach dann sogar den kubanischen Dialekt recht gut. Im Lauf der Jahre ließ sie einen Turm an die Finca anbauen, legte den Garten neu an und machte das Anwesen innen und außen zu der Idylle, als die es sich dem Besucher noch heute präsentiert. Hemingways ältester Sohn erinnert sich: «Ich traf sie das erste Mal in Havanna auf La Finca. Papa sagte: ‹Du wirst Mary gern haben, sie ist unten beim Swimmingpool, geh hin und stell Dich ihr selbst vor!› Also ging ich zum Pool hinunter und da kam diese Nixe aus dem Wasser, völlig nackt. Ohne Hast nahm sie ihr Handtuch. Also, mein erster Eindruck von Mary war schon toll.»[51] Trotzdem wußte auch Mary, was sie wollte. Am 21. Dezember 1945 wurde Hemingway von Martha Gellhorn geschieden, am 14. März 1946 heirateten er und Mary Welsh in Havanna. Noch am selben Abend gab es den ersten ehelichen Streit, der von Hemingway wegen einer Kleinigkeit angefangen wurde und der damit endete, daß Mary wütend ihre Koffer packte und abgefahren wäre, wenn sie nicht zu müde und vom Champagner des Hochzeitsbanketts angeschlagen gewesen wäre – später sollte sie es im Alkoholgenuß Hemingway durchaus gleichtun. Am nächsten Morgen jedenfalls wurde der Frieden wiederhergestellt und Hemingways vierte Ehe hatte begonnen.

Entgegen seinen vorherigen Gewohnheiten gab sich auch Hemingway dieses Mal Mühe. *Lieber Buck: Ich schrieb Dir ja, daß ich nichts mehr trinken wollte, weder wenn ich nachts wach bin noch am Morgen. Habe es um 90 % reduziert. Bin außerdem absolut treu geblieben. Letzteres ist einfach, wenn man wirklich jemanden liebt. Aber nicht zu trinken ist verdammt langweilig. Da das aber das Einzige ist, was ich im Augenblick für das Mädchen tun kann, halte ich mich daran. Liebe sie sehr, möchte ich ein guter Mann sein.*[52] Die Bewährungsprobe kam im Herbst während der Reise nach Sun Valley, wo Hemingway wie jedes Jahr jagen wollte. Mary hatte im Juli erfahren, daß sie ein Kind erwartete, ahnte aber noch nicht, daß es eine Bauchhöhlenschwangerschaft war. In Caspar, in Wyoming, kam es zu einem Riß eines der Eileiter. Hemingway fuhr sie sofort zum nächsten Krankenhaus, aber der leitende Chirurg war auf einem Angeltrip, nur ein unerfahrener junger Assistenzarzt hatte Dienst, der Mary nach einigen halbherzigen Versuchen aufgab. Als Marys Puls immer schwächer wurde und sie das Bewußtsein verlor, warf sich Hemingway kurzentschlossen einen Kittel über, setzte eine Gesichtsmaske auf, ließ den eingeschüchterten jungen Arzt eine

Das Wohnzimmer auf der Finca Vigía

Ader suchen und gab Mary eine Plasmainjektion. Als der Chirurg zurückkehrte, hatten sich Marys Puls und Atmung normalisiert. Nach vier weiteren Flaschen Plasma, zwei Blutinfusionen und einer Woche im Sauerstoffzelt war Mary auf der sicheren Seite, das Baby allerdings hatte sie verloren. Wochen danach noch war Hemingway in der ihm eigenen Art fasziniert von diesem Beweis, daß man *das Schicksal ficken konnte* [53], statt sich ihm zu unterwer-

fen. Zudem hatte ihn der Mut und Durchhaltewillen der zierlichen Frau an seiner Seite beeindruckt.

Mary sollte für Hemingway, auch wenn beide sich später mehr stritten als in Frieden miteinander lebten, eine Art Fels in der Brandung werden. Geradezu hymnisch notierte er 1956: *Miss Mary ist ausdauernd. Sie ist auch mutig, charmant, witzig, reizend anzusehen und eine gute Frau. Es ist schön mit ihr zu leben. […] Wenn sie ver-*

reist ist, ist die Finca so leer wie die leerste Flasche, die sie je hat wegtragen lassen, und ich lebe in einem Vakuum – so einsam wie eine Radioröhre, wenn die Batterie leer ist, und weit und breit ist keine Steckdose zu sehen. (*Lagebericht*, 49 D, S. 319) Es ist Marys Verdienst, daß Hemingways vierte Ehe bis zu seinem Tode hielt. Allerdings verlangte diese Beharrlichkeit nur zu oft fest zugedrückte Augen bei ihr, wenn Hemingway ihre Bedürfnisse mit provokativer Feindseligkeit ignorierte, weil er sein fragiles Ego einmal wieder durch die offensichtliche Verehrung einer jungen Frau aufrichten mußte – von seiner Schwärmerei für Adriana Ivancich über die junge Irin Valerie Danby-Smith, die er zu seiner Privatsekretärin machte und die später seinen Sohn Gregory heiraten sollte, bis hin zu dem Makamba-Mädchen Debba auf seiner Afrikareise 1953/54. Daß es dabei jeweils zu sexuellen Kontakten kam, darf allerdings bezweifelt werden, da Hemingway entgegen seinen Bekundungen durch seine Trinkerei zunehmend mit Potenzproblemen zu kämpfen hatte. Mehrmals jedoch stand Mary kurz davor, sich von ihrem Ehemann zu trennen, verwarf die Pläne aber in letzter Minute wieder.

«Das Glück in dem Garten, den ein Mann verlieren muß»

Im Frühjahr 1948 begann Hemingway mit einem neuen Roman, der um das Thema Sexualität und Identität kreiste, wobei er auf seine vorausgegangenen Eheerfahrungen mit Pauline und Hadley sowie auch auf sein gegenwärtiges Zusammenleben mit Mary zurückgriff. Im Dezember formulierte Hemingway dann das programmatische Thema des Romans – *[...] das Glück in dem Garten, den ein Mann verlieren muß.* Obwohl er wie besessen schrieb, sollte er den Roman nicht vollenden. Erst postum erschien *Der Garten Eden* 1986 in einer ebenso gekürzten wie heftig umstrittenen Fassung. Der Roman schildert die Beziehung des jungen Schriftstellers David Bourne und seiner Frau Catherine. Die Erzählung setzt in dem Küstendorf Le Grau-du-Roi an der Mündung der Rhône ein, wo Hemingway 1927 seine Flitterwochen mit Pauline verbracht hatte. Wie er ist auch sein Held gerade drei Wochen verheiratet und hat bereits einen erfolgreichen Roman geschrieben. Zunächst teilt Davids Frau Catherine die Sehnsüchte und Wünsche ihres Mannes. Tagsüber liegen sie nackt an verborgenen Stränden, um sich zu bräunen, und gehen süßem Nichtstun nach, wenn David nicht gerade an seinem neuen Roman arbeitet. Nachts jedoch experimentieren sie mit sexuellen Rollenspielen, bei denen Catherine den Namen Peter annimmt und er zu Catherine wird. Parallel dazu entwickelte Hemingway die – in der postum veröffentlichten Fassung herausgenommene – Geschichte des jungen Malers Nick Sheldon und seiner Frau Barbara, die im Quartier Latin in Paris leben. Ihre winzige Wohnung ähnelt deutlich der, die Hemingway mit Hadley 1922 an der rue du Cardinal-Lemoine bezogen hatte. Wie Hadley hat auch Barbara dickes rotblondes Haar und wie Catherine Bourne ist sie so sehr von der Idee absoluter ehelicher Verschmelzung besessen, daß sie ihrem Mann möglichst ähnlich sehen will. Als Nick, der sein indianerschwarzes Haar fünf Monate lang hat wachsen lassen, sie zum Mittagessen ausführt, um den Tag zu feiern, an dem Barbara sein Haar das erste Mal so geschnitten hat wie ihres, hören sie nicht auf, sich in den Spiegeln der Brasserie zu bewundern und lieben sich anschließend leidenschaftlich zu Hause. Inzwischen hat in Le Grau-du-Roi auch Catherine ihren Mann damit überrascht, daß sie ihr Haar so geschnitten und gefärbt hat, daß es aussieht wie seines. Ähnlich hatte Pauline sich 1929 um ihren vierunddreißigsten Geburtstag herum als Zeichen ihrer sexuellen Unabhängigkeit und als Überraschung für Hemingway ihr Haar blond gefärbt und knabenhaft kurz schneiden lassen. Im *Garten Eden* findet das Spiel mit den Geschlechtsidentitäten seinen Höhepunkt, als Catherine das Mädchen Marita kennenlernt und mit ihr eine lesbische Beziehung anfängt, in der sie der dominante Part ist. Als auch David einbezogen wird, entwickelt sich daraus eine «ménage à trois», die schließlich in völlig veränderten Konstellationen endet. Am Schluß des Romans ist die Ehe von David und Catherine zerbrochen, und Catherine verläßt den Ort, während David und Marita als neues Paar bleiben.

Pauline in Key West, um 1934

Der Garten Eden wirft ein neues Licht auf Hemingways Verhältnis zu Frauen, aber auch auf die Beurteilung der Frauenfiguren in seinen Romanen. Im Februar 1927 hatte Hemingway an seinen Lektor Max Perkins nach einer Aufzählung der Kurzgeschichten, für die er den Titel *Männer ohne Frauen* vorschlug, geschrieben: *In allen fast fehlt der besänftigende weibliche Einfluß wegen Training, Disziplin, Tod oder anderen Umständen.*[54] Es ist bemerkenswert, daß Hemingway selbst in seinem Leben nur mit wenigen Unterbrechungen ohne diesen *besänftigenden weiblichen Einfluß* war. Er wuchs unter Frauen auf und war von 1921 bis zu seinem Tod ohne nennenswerte Pause viermal verheiratet; zwei der Ehefrauen waren älter als er. Wie sich an seinen Depressionen zeigte, als Martha

Gellhorn ihn auf Kuba allein ließ, um nach Europa zu fahren, und wie auch Mary Hemingway in ihrer Autobiographie berichtet[55], war Hemingway sogar in höchstem Maße abhängig von der Anwesenheit einer Frau, die ihm nahestand. Bei einem längeren und ernsthafteren Seitensprung fühlte sich Hemingway anscheinend gezwungen, sich jeweils von seinen Ehefrauen scheiden zu lassen, um so die Affäre mit der neuen Frau zu legalisieren. Als er mit seiner ersten Frau Hadley brach, beging er in seinen eigenen Augen eine unverzeihliche Sünde, eine Schuld, die er sein Leben lang abzutragen suchte. In *Inseln im Strom* wünscht sich sein Held Thomas Hudson, daß er noch immer mit seiner ersten Frau verheiratet wäre, der Mutter seines Sohnes Tom, mit der er glückliche Jahre in Paris verbracht hat. In Hemingways Bericht seiner zweiten Afrikareise 1953 mit Mary, den er zwischen 1954 und 1956 schrieb und aus dem 1971 und 1972 Auszüge in der Zeitschrift «Sport Illustrated» erschienen, träumt er, während er mit Mary auf Safari ist, von einer zurückliegenden Reise mit Hadley in die Schweiz. *Die Frau, die ich zuerst und am meisten geliebt hatte, die Mutter meines ältesten Sohnes, war bei mir und wir schliefen aneinandergeschmiegt, um warm zu bleiben, und weil das die beste Art zu schlafen ist, wenn beide sich lieben und es eine kalte Nacht ist. […] Als Folge oder Erbe eines schlecht geführten Krieges träumte ich schlecht und der Schlaf oder sein Bruder, der Tod, waren alles, was mich nachts interessierte. […] Aber heute nacht, in dem Traum, schlief ich glücklich mit meiner wahren Liebe in den Armen und ihrem Kopf fest unter meinem Kinn, und als ich erwachte, fragte ich mich, wie viele wahre Lieben ein Mann haben konnte, denen man treu war, bis man ihnen untreu wurde, und ich dachte über die seltsamen moralischen*

Mary im «Club de Cazadores» auf Kuba, August 1945

Anforderungen in verschiedenen Ländern nach und daran, wer wohl bestimmte, daß eine Sünde eine Sünde war.[56]

Hemingways Brief und seine Werke belegen, daß er sich nach der hingebenden Liebe einer Frau sehnte, einer Art Liebe, die er allerdings außerstande war, selbst zu geben. Seiner eigenen Liebesbedürftigkeit stand die Angst entgegen, sich zu verlieren, dominiert zu werden und – paradoxerweise – im Angesicht der Frau, also dem Augenblick des existentiellen Erlebens von Mannsein, seine Männlichkeit zu verlieren, wie er es mit der besitzergreifenden, kastrierenden Liebe seiner Mutter erlebt hatte. Hemingways Beschreibungen eines Lebens unter Männern können auch als der Versuch gewertet werden, Mannsein zu erleben, ohne die Präsenz der eigentlich durch ihr Anderssein erst Männlichkeit definierenden Frauen. Dazu kam ein puritanischer Zug, eine Art unbewußtes Mißtrauen gegenüber sexueller Befriedigung, verbunden mit einem Anflug von Schuldgefühl. In Hemingways Kurzgeschichten findet sich diese Angst vor der Verschmelzung in geschlechtlicher Lust als abrupter, fast panisch ernüchternder Abbruch der Intimität bis hin zur Abwertung der Frau wieder. *Er spürte, wie ihn das Gefühl wieder überkam; seine Hände glitten tiefer, drehte Kate herum. Er rutschte nach unten, und sie schmiegte sich eng an ihn. Sie preßte sich fest in die Kurve seines Bauchs. Es war ein wundervolles Gefühl. Er suchte, ein wenig ungeschickt, fand es. Er legte die Hände auf ihre Brüste und drückte sie an sich. Nick küßte sie fest auf den Rücken. Kates Kopf kippte nach vorn.*

«Ist es schön so?» fragte er.

«Herrlich. Herrlich. Mach, daß es kommt. Wemedge. Bitte komm. Komm. Komm. Bitte, Wemedge. Bitte, bitte, Wemedge.»

«Jetzt», sagte Nick.

Plötzlich spürte er die rauhen Decken an seinem Körper.

«War ich schlecht, Wemedge?» fragte Kate.

«Nein, du warst gut», sagte Nick. Sein Geist arbeitete hart und klar. Er sah alles sehr scharf und klar. […]

Nick stand auf. Ein leichter Wind spielte auf seinem Körper, er zog sein Hemd an und war froh, es anzuhaben. Er zog die Hose an und die Schuhe. «Du mußt dich jetzt anziehen, Schlampe», sagte er. (Menschen im Sommer, NAS S. 194)

Die geschlechtliche Vereinigung wird in ihrer körperlich wie geistig verschmelzenden Kraft in Hemingways Geschichten zum Moment einer glückhaft heilenden Erfahrung, aber auch zur Ich-auflösenden Gefahr, vor der der Mann sich bewahren muß. Catherine in *In einem andern Land* hüllt Frederic in das Zelt ihrer Haare ein und zieht dann seinen Umhang über beide. Nachdem sie sich geliebt haben, sagt sie: «*Es gibt gar kein Ich. Ich bin du. Erfinde nicht ein Sonder-Ich.*» (IeaL, S. 91) Später, als beide in die Schweiz geflohen sind, schlägt Catherine wie später ihre Namensvetterin in *Der Garten Eden* Frederic vor, sich die Haare wachsen zu lassen, während sie sich ihre abschneiden will, um mit ihm «gleich» zu sein. Anders als David lehnt Frederic jedoch ab. Interessant ist hier die Umkehrung der Realität im Prozeß der Fiktionalisierung. Nimmt man an, daß Hemingway in die Figur der Catherine wesentliche Züge seiner ersten Liebe Agnes von Kurowsky einarbeitete, dann tagträumte Hemingway hier eine Verkehrung der tatsächlichen Verhältnisse. Wie ihre Tagebuchaufzeichnungen zeigen[57], war Agnes von Kurowsky zwar durchaus in den jugendlichen Hemingway verliebt, verhielt sich aber eher zurückhaltend und vorsichtig. Der *mäßigende weibliche Einfluß* einer liebenden und verantwortungsbewußten Frau wird in Hemingways Werken zudem fast durchgehend positiv gesehen und hat die Sympathie des Lesers, während die Männer implizit als selbstbezogen und unreif abgewertet werden. Man denke nur an die berühmte Kurzgeschichte *Katze im Regen*, in der ein kinderloses amerikanisches Ehepaar einen verregneten Tag in einem italienischen Hotel verbringt, wobei der graue, regennasse Platz vor dem Hotel die innere Leere und emotionale Kälte der Beziehung widerspiegelt, in der der Mann abwesend und lesend auf dem Bett liegt, während seine Frau sich nach Zuneigung und einem Wesen sehnt, das sie lieben kann – und sei es eben auch nur die streunende Katze vor dem Hotel.

Es ist erstaunlich, mit welcher Offenheit Hemingway in *Der Garten Eden* den eigenen inneren Kampf zwischen seinen männlichen und weiblichen Anteilen zugunsten einer Auflösung der Geschlechtsidentität thematisierte. In dem ursprünglichen Manuskript tauchen verschiedene Anspielungen darauf auf, daß der männliche Held David Bourne um so besser schreibt, je verwirrter sein Leben wird und je stärker seine Identität sich auflöst. *Alles, was ganz an dir geblieben ist, ist deine Fähigkeit zu schreiben und die wird besser. Du hättest gedacht, daß sie kaputtgehen würde. Allem nach, was dir beigebracht wurde, müßte es so sein. Aber je mehr du zerfällst und dich veränderst, desto mehr wächst es und wird stark. Es sollte nicht so sein, aber es ist so.*[58] Auf Catherines Bitte hin nimmt David sogar, während sich beide nachts lieben, in der Phantasie den passiven Part der beiden sich liebenden Frauen einer Statue von Rodin an, die sie in Paris gesehen haben. Zum erstenmal in einem Werk Hemingways geht damit eine Frau über die traditionelle Definition des *besänftigenden weiblichen Einflusses* hinaus, ohne deshalb negativ gesehen zu werden. David wird von Catherine sogar gebeten, ihrer beider augenblickliches Leben an der französischen Riviera zu beschreiben. Er macht daraus ein mitfühlendes Porträt von Catherines schmerzhaften inneren Kämpfen. Daneben sitzt er jedoch an einem Bericht seiner afrikanischen Jugend, einer Jugend in der männlich bestimmten Welt seines Vaters, in der Frauen weitgehend nicht vorkamen. Was er aus dieser Welt und von seinem Vater zu berichten hat, ist nicht positiv, läßt im Gegenteil Zweifel an der positiven Funktion einer allein von männlichen Werten bestimmten Existenz erkennen. Das Schreiben – und hier drängt sich die Parallele zu Hemingway geradezu auf – wird zum alleinigen Garanten, oder besser zur suchenden Selbstvergewisserung, was denn Männlichkeit sei. Auch als Catherine, eifersüchtig auf die Arbeit Davids, das halbfertige Manuskript zerstört, ändert dies nichts, da David es aus dem Gedächtnis neu schreibt. Es liegt nahe anzunehmen, daß Hemingway hier experimentell den eigenen inneren Konflikt beschrieb, seine Suche nach einer männlichen Identität, die er von den weiblichen Anteilen in sich bedroht sah, einer Bedrohung, der er wiederum durch sein inszeniertes öffentliches Bild als Supermann und durch die Thematik seines literarischen Werks zu begegnen suchte.

Auch Hemingways Partnerwahl fügt sich in dieses Schema. Abgesehen von Hadley waren alle seine Ehefrauen beruflich erfolgreiche Journalistinnen, die für angesehene Magazine arbeiteten. Hemingway suchte sich mit Vorliebe selbständige Frauen als Partnerinnen aus, von denen er dann nach einigen Jahren enttäuscht und ernüchtert wieder abließ. Steckte dahinter vielleicht der Wunsch, selbst der Passive, Weichere, letztlich eher weibliche

Part zu sein, ein Wunsch, der dann aber notwendig wieder mit seinen rigiden Vorstellungen von Männlichkeit kollidierte? Mary Hemingway hat in ihrer Autobiographie «Wie es war» von Rollentauschspielen mit Hemingway berichtet. So gebraucht sie in Zusammenhang mit dem Zusammensein beider an Bord der «Pilar» den geheimnisvollen Ausdruck «Zwitterwesen» und berichtet von einer Eintragung Hemingways in ihr Tagebuch während der gemeinsamen Afrikareise 1953, in der Hemingway sich zuerst begeistert über ihr ihm zuliebe platinblond gefärbtes Haar ausließ und dann fortfuhr: *Sie hat immer ein Junge sein wollen und denkt wie ein Junge, ohne je dabei etwas von ihrer Weiblichkeit einzubüßen. […] Sie liebt es mich als Mädchen zu sehen, was ich nur zu gern bin, denn ich bin nicht dumm. […] Dafür belohnt sie mich, und nachts tun wir alles mögliche, was ihr und mir gefällt. […] Mary hat nie lesbische Neigungen gehabt, aber sie hat immer ein Junge sein wollen. Da ich mir nie etwas aus einem Mann gemacht habe und jeden physischen Kontakt mit Männern verabscheue, […] liebe ich Marys Umarmung, die ich als etwas gänzlich Neues und außerhalb aller Stammesgesetze Liegendes empfand. In der Nacht, die auf den 19. Dezember folgte, haben wir all das ausgearbeitet, und ich bin nie glücklicher gewesen. EH 20/12/53.*[59]

In der unveröffentlichten Kurzgeschichte *A Lack of Passion*, geschrieben zwischen 1924 und 1927, war Hemingway sogar noch weiter gegangen und hatte mit großer Einfühlsamkeit einen homosexuellen Stierkämpfer beschrieben. Bisher ist Hemingways Credo der «Anmut unter Druck» in Ableitung von dem sich spreizenden Gebaren seines Schöpfers immer als übertriebene Männlichkeitspose interpretiert worden. Zu fragen wäre jedoch, ob der Ausdruck «Anmut», oder «grace» wie es im amerikanischen Original heißt, wirklich als traditionell männliche Eigenschaft beschrieben werden kann oder nicht eher dem Bereich des tradiert Weiblichen zuzuordnen ist. Aber selbst wenn dem nicht so wäre, ist es fragwürdig, Hemingways Auffassung vom Leben als einer Abfolge von Bewährungsproben, in denen man bis an seine Grenze getrieben wird und an denen sich erweist, ob man auch in Ausnahmesituationen zu besonnenem Handeln fähig ist, geschlechtsspezifisch festzulegen. Man muß hier Hemingway vor sich selbst in Schutz nehmen. Aufgrund des öffentlichen Bildes ging und geht mit Einschränkungen immer noch seiner Person ein Ruf als harter Mann voraus, der, wenn man einmal von dem geschilderten psychologischen Hintergrund absieht, sicher auch gerechtfertigt ist. Die Männer, die der Schriftsteller Hemingway in seinen Romanen schildert, sind jedoch fast durchweg gebrochen, sind durch Schreckliches gegangen, haben schwere Niederlagen einstecken müssen. Jake Barnes in *Fiesta* ist ein impotenter Mann, der die Frau, die er liebt, körperlich nicht befriedigen kann und so allein und abseits des Geschehens lebt. Harry Morgan in *Haben und Nichthaben* ist ein armer Kerl, der am Ende vernichtet wird, angeschossen und hilflos im Steuerhaus seines Bootes stirbt. Robert Jordan wartet an einen Baum gelehnt auf seinen Tod. Der alte, ärmliche Fischer Santiago von *Der alte Mann und das Meer* kehrt geschlagen mit nichts als dem Skelett eines Fisches zurück. Bei genauerer Betrachtung erweisen sich Hemingways «Macho»-Helden als leidende Menschen, deren Ehrenkodex ihnen jedoch aufgibt, eben nicht aufzugeben. Die wahrhaft beständigen, Kontinuität und Halt gebenden Figuren dagegen sind in Hemingways Werken die Frauen, dabei spielt es keine Rolle, ob sie nun als dominante «bitch» oder als angepaßtes «Weibchen» auftreten.

Der alte Mann und der Krieg

Im November 1952 schickte Mary Hemingway ihrem Mann zum Erntedankfest einen Brief. Sie bedankte sich darin bei Hemingway, daß er sich so lange Zeit gut benommen und auch nicht den Verlockungen einer jüngeren Frau nachgegeben hatte. Mary spielte damit auf die Beziehung Hemingways zu einer jungen italienischen Aristokratin an, die sie und Hemingway im Dezember 1948 in Venedig kennengelernt hatten. Ihr Name war Adriana Ivancich, sie war neunzehn Jahre alt und von einer Fraulichkeit, wie Hemingway sie in Amerika am Verschwinden sah. Auch wenn die junge Frau in dem weißhaarigen, berühmten Autor wenig mehr als einen väterlichen, wenn nicht sogar großväterlichen Freund sehen mochte, verliebte Hemingway sich in sie. Und er beging den Fehler, einen Roman über sich und Adriana zu schreiben.

Mit Adriana Ivancich auf der Finca Vigía

Der Roman erzählt die letzten drei Tage im Leben des zum Obersten degradierten ehemaligen Brigadegenerals Richard Cantwell, der vom Tod gezeichnet noch einmal die Schauplätze der Schlachten wiedersehen möchte, an denen er im Ersten Weltkrieg teilgenommen hat, und deshalb nach Venedig kommt. Voller wehmütiger Erinnerungen verbringt er seine Tage mit der Suche nach den Spuren dieser Vergangenheit. Was Cantwell nicht ahnt, ist, daß er noch in Venedig an einem Herzinfarkt sterben wird. Hemingway gab dem Roman den Titel *Über den Fluß und in die Wälder*, nach einem Ausspruch, den der Südstaaten-General Thomas J. «Stonewall» Jackson der Überlieferung nach 1863 sterbend nach der Schlacht von Chancellorsville gemacht hatte. Jackson soll während eines Angriffs darum gebeten haben, ihn über den Fluß mitzunehmen und im Schatten der Bäume ausruhen zu lassen. In Hemingways Roman wird Cantwell vorher jedoch noch einmal das Erlebnis einer großen Liebe zuteil, als die junge Contessa Renata sich leidenschaftlich in ihn verliebt. Was wie die Persiflage einer Shakespeare-Tragödie klingt, ist auch so. Mehr noch, Hemingway parodierte sich in *Über den Fluß und in die Wälder* geradezu selbst. *Hm, dachte der Colonel. Jetzt beginnt die letzte Runde, und ich weiß noch nicht einmal, welche Runde es ist. Ich habe nur drei Frauen geliebt, und ich habe sie alle drei verloren. Man verliert sie auf die gleiche Weise, wie man ein Bataillon verliert: durch Fehlentschlüsse, durch unmögliche Zustände und durch Befehle, die man unmöglich ausführen kann. Auch durch Roheit. Ich habe in meinem Leben drei Bataillone und drei Frauen verloren und jetzt habe ich eine vierte und die wunderschönste von allen, und verflucht noch mal, wo endet das alles?* (ÜdF, S. 69) Hemingways Credo, einen wahren Satz zu schreiben, das seine Prosa vorher bestechend prägnant und luzide gemacht hatte, schlug nun in Pedanterie um, überladen mit ermüdenden militärischen Anspielungen und durchtränkt von lüsternem Altmännersex. Jeder Drink wird beschrieben, auch die nebensächlichsten Tätigkeiten werden «gut» oder «präzise» durchgeführt, die Metaphern und Allegorien, die er gebraucht, sind voll sentimentaler Falschheit. Da ist der Körper des Weißweins, den die Liebenden trinken *so voll und wunderbar wie der von Renata*, des Colonels Herz *arbeitet so vollkommen wie eine Rolex Oyster Perpetual* (ÜdF, S. 98), die Liebenden werden zu Kindern des Mondes und der Sonne und Renata selbst zur schaumgebore-

Venedig, Dezember 1948

nen Venus, der Schutzheiligen der Stadt Venedig, zur Wiedergeborenen, wie ihr Name sagt, die auch dem alten Colonel noch einmal Jugend geben soll.

Im Winter 1949/50 kehrte Hemingway nach einem Umweg über Südfrankreich wieder ins Veneto und nach Venedig zurück, um Enten zu jagen. Gianfranco, der Bruder von Adriana, war wie

Hemingway im Krieg gewesen. Er hatte zwar in Afrika auf der italienischen Seite gekämpft, war aber ebenfalls schwer am Bein verwundet worden. Es bestanden also Gemeinsamkeiten. Unglücklicherweise aber gab sich Hemingway in der Umsetzung dieser Gespräche nicht mit der leicht veränderten Wiedergabe der Realität zufrieden, sondern versuchte daraus eine Art philosophisches inneres Zwiegespräch über geschlagene Helden zu entwickeln. Die Grübeleien Cantwells, als Resümee seines Lebens gedacht, mißrieten zur sentimentalen, von kriegerischem Pathos triefenden Männertümelei. *Sie küßte ihn zärtlich und heftig und verzweifelt, und der Colonel konnte weder an seine Kämpfe noch an malerische oder seltsame Ereignisse denken. Er dachte nur an sie, und wie sie sich anfühlte, und wie nah das Leben in der Ekstase dem Tode kommt. Und verflucht noch mal, was ist Ekstase? Und was ist die Rang- und Seriennummer von Ekstase? Und wie fühlt sich ihr schwarzer Sweater an? Und wer schuf all ihre Weichheit und Köstlichkeit und ihren seltsamen Stolz und ihre Hingabe und ihre Kinderweisheit? Ja, vielleicht hättest du Ekstase haben können, und statt dessen ist dein Los der Bruder des Schlafs. Der Tod ist beschissen, dachte er. Er kommt in lauter kleinen Bruchstücken zu dir, und man sieht kaum, wo er eingedrungen ist. Manchmal kommt er auf schauderhafte Art. Er kann von ungekochtem Wasser herrühren oder einem nicht hinaufgezogenen Moskitostiefel, oder er kann mit dem ungeheuren, weißglühenden, tosenden Heulen kommen, in dem wir gelebt haben. Er kommt im schwachen, knisternden Rascheln, das dem Geräusch der automatischen Waffen vorangeht. Er kann im rauchausströmenden Bogen der Granaten oder dem scharfen, krachenden Aufschlag aus einem Mörser kommen.*

Ich habe ihn kommen sehen, wie er sich vom Bombengestell loslöste und in jener eigentümlichen Kurve fiel. Er kommt in dem rasselnden, berstenden Zusammenkrachen von Fahrzeugen oder dem einfachen Mangel an Zugkraft auf einer glitschigen Straße.

Die meisten Leute trifft er im Bett an, ich weiß, wie sein Gegenspieler, die Liebe. Ich habe beinahe mein ganzes Leben mit ihm verlebt, und mein Beruf war, ihn auszuteilen. Aber was kann ich diesem Mädchen jetzt an diesem kalten, windigen Morgen im Gritti Palace Hotel erzählen? (ÜdF, S. 146 f.)

Aber nicht alles war schlecht. Wenn Hemingway seinen Sinnen freien Lauf ließ, Gerüche, Bilder, Klänge registrierte, schwang sich seine Sprache wieder zu jener Wortgenauigkeit, zu jener Kraft der Einfachheit auf, die ihn berühmt gemacht hatte. Seine dichtesten Stellen erreicht der Roman so, wo Hemingway das sinnliche Erlebnis Venedigs oder der winterlichen Landschaft des Veneto heraufbeschwört, die kalte Morgenfrische, die Steine, die Erde und das Wasser während der Entenjagd beispielsweise, mit der der Roman beginnt.

Er beobachtete, wie sich der Himmel hinter der langen, morastigen Landzunge lichtete, wandte sich in der eingelassenen Tonne um, blickte hinaus über die gefrorene Lagune und die Marsch hinweg und sah in weiter Ferne die schneebedeckten Berge. Von dort unten, wo er war, sah man keine Vorgebirge, und die Berge schienen jäh aus der Ebene aufzusteigen. Als er zu den Bergen hinübersah, konnte er auf seinem Gesicht einen Windhauch spüren; er wußte nun, daß der Wind von dort kommen und mit der Sonne auffrischen würde und daß sicher einige Vögel, sobald der Wind sie aufstöberte, vom Meer einfliegen würden. (ÜdF, S. 9, S. 12)

Im Dezember 1949 schloß Hemingway die erste Fassung von *Über den Fluß und in die Wälder* ab. Voller Selbstlob schaffte er es, den Roman zunächst als Fortsetzungsgeschichte für 85 000 Dollar an «Cosmopolitan» zu verkaufen. Aber die Kritiker höhnten, als der Roman im September 1950 als Buch herauskam. Zwar erschienen im «Times Literary Supplement» und in der «New York Times» durchaus wohlwollende Kritiken, die sogar eine Shakespearesche Qualität in der Geschichte vom müden Vater-Liebhaber und der strahlenden Tochter-Geliebten zu finden meinten, aber der Rest der Rezensenten schüttelte den Kopf und konnte statt des Hauchs des Klassischen nur schlechten Geschmack, stilistische Unzulänglichkeit, Trivialitäten und falsche Gefühle eines Autors entdecken, der nicht damit fertig wurde, daß er älter wurde. Trotzdem kam das Buch auf die Bestsellerliste.

«Mein Roman soll das Meer und die Luft und die Erde in sich haben»

Nach dem zwiespältigen Erfolg von *Über den Fluß und in die Wälder* sah man Hemingway wie schon einmal künstlerisch am Ende. Hemingways Reaktion war – abgesehen von großspurigen Verwünschungen und Drohungen, diversen Kritikern den Schädel einzuschlagen –, sich jetzt erst recht in die Arbeit zu stürzen. Beflügelt von einem Besuch der Ivancichs im Oktober und Dezember 1950, wollte er endlich den großen Seeroman realisieren, von dem er während des Krieges an Max Perkins geschrieben hatte. Hemingway entwickelte in solchen Situationen einen typischen Rhythmus. Mit Tagesanbruch stand er auf und fing sofort an zu arbeiten. Er schrieb im Stehen, die Dialoge mit der Maschine, die Beschreibungen meist mit Hand. Er sagte, die Maschine sei so schnell, wie die Leute sprechen, dagegen sollten Beschreibungen langsam und träge sein. Kurz nach Mittag machte Hemingway dann Schluß und trank den ersten Martini oder traf sich mit Freunden zu dem in Kuba üblichen ausgedehnten Lunch. Danach fing die Siesta an. Hemingway ging dann an den Swimmingpool, um *abzukühlen*, wie er es nannte. Nur wenn Hemingway genau wußte, wie eine Szene weiterging, wich er von diesen Rhythmus ab und hörte nicht auf zu schreiben. Am folgenden Tag überarbeitete er dann das bis dahin Geschriebene. Der Seeroman sollte vier lange Abschnitte haben, von denen er für drei schon einen vorläufigen Titel hatte: *Die junge See, Die abwesende See, Die Seejagd*, (später sollten diese Teile dann in *Bimini, Kuba* und *Auf See* umbenannt werden).

Der Roman beginnt mit Thomas Hudson, einem erfolgreichen amerikanischen Maler, dessen drei Söhne Tom, David und Andrew für den Sommer zu ihm auf die Bahamas, auf die Insel Bimini kommen. Hudson ist zwar künstlerisch erfolgreich gewesen, hat aber mit seinen beiden Ehen kein Glück gehabt. Nachdenklich und voller Liebe für seine Söhne betrachtet Hudson das Treiben der Jungen. Der Sommer wird zu einer Art Initiation in das Er-

An Bord der «Pilar»

wachsenenleben, mit Herumtollereien voller unbeschwerter Lebensfreude, mit Barbesuchen und langen Ausfahrten auf Hudsons Yacht. Ihren Höhepunkt finden diese Abenteuer, als David, der mittlere der drei Jungen, den Kampf mit einem riesigen Schwertfisch aufnimmt. *Er sah jetzt Davids blutende Hände und seine wie rotlackierten, zerschundenen Füße, und er sah die Schwielen, die das Geschirr quer über seinen Rücken gemacht hatte, und den fast verzweifelten Ausdruck in seinem Gesicht, wenn er im letzten Moment jeder Hol den Kopf beiseite drehte. Er guckte in die Kajüte, und die Messinguhr zeigte ihm, daß es zehn nach sechs war. Auch die See sah jetzt anders aus, aus der Nähe, und er stand im Schatten und beobachtete die weiße Leine, die von der gebogenen Angelrute in Davids Händen ins Wasser lief, und die Rute pumpte unablassig. Eddy kniete im Heck, die Harpune in seinen sonnengefleckten Händen, und er sah hinunter in das beinahe purpurne Wasser und versuchte den Fisch zu entdecken. Thomas Hudson merkte, daß er die Harpunenleine in Buchten um die Gabel der Harpune gelegt und ihr Ende am Heckpoller belegt hatte, und er sah wieder hinüber nach Davids Rücken, seinen gestreckten Beinen und seinen langen Armen, die die Angelrute hielten.* David verliert den Fisch, gerade als der Kampf gewonnen scheint, aber er trägt den Verlust mit Haltung, gestärkt von seinem Vater und seinen Brüdern. Durch das Erlebnis des Kampfes hat er einen neuen Respekt vor der Kreatur gewonnen, in dem bereits der Kern von Hemingways späterer Novelle *Der alte Mann und das Meer* aufscheint: *David machte seine Augen zu und sagte: «Als es am schlimmsten war, und ich kaum noch konnte, hätte ich nicht sagen können, wer wer von uns beiden war.»*

«Das glaube ich», sagte Roger.

«Da habe ich ihn geliebt. Mehr als irgend etwas in der Welt.» (IiS, S. 123 f.)

Es sind glückliche Wochen, in denen sich sowohl die Jungen untereinander näherkommen als auch Thomas ihnen. Nach den Ferien reisen die drei Jungen zu ihren Müttern nach Europa. Einige Tage später erhält Hudson ein Telegramm, daß David und Andrew mit ihrer Mutter, seiner zweiten Frau, bei einem Autounfall tödlich verunglückt sind.

Im zweiten Teil von *Inseln im Strom*, mittlerweile ist der Zweite Weltkrieg ausgebrochen, hängt Hudson, allein mit seinem Personal und seinen Katzen auf Kuba lebend, seinen schmerzlichen Erinnerungen nach, als er erfahren muß, daß sein ältester Sohn Tom abgeschossen wurde, der Kampfflieger ist. Voller Schmerz versucht er in den Bars seinen Kummer im Alkohol zu ertränken. Unerwartet trifft Toms Mutter ein, eine Mischung aus Marlene Dietrich und Hemingways erster Frau Hadley. Sie weiß noch nichts vom Tod ihres Sohnes, und Hudson liebt sie immer noch. Zögerlich, als wenn er damit das letzte Band zwischen ihm und ihr zerschneiden würde, teilt er ihr die traurige Nachricht erst mit, nachdem beide sich noch einmal geliebt haben und es wieder zu den alten Differenzen gekommen ist. Im dritten Teil schließlich, der sich zeitlich unmittelbar daran anschließt, macht sich Hudson mit seiner getarnten Yacht auf die Suche nach den Überlebenden eines deutschen U-Boots, das vor der Küste Kubas versenkt wurde. Er versucht, nicht an den Tod seiner Söhne zu denken. Als er und seine Männer die Deutschen aufgespürt haben, wird er von einer Maschinengewehrgarbe schwer verwundet.

Hemingway machte seinen Helden Thomas Hudson zu einem von seinen Erinnerungen und Verlusten gepeinigten, hochsensiblen Menschen. Alpträume quälen ihn – einmal träumt Hudson, daß sein Penis sich beim Geschlechtsakt in eine Pistole verwan-

Hemingways Söhne Patrick, Bumby (John) und Gregory

delt und er dann müde die Rolle der Frau übernimmt. Trotz einiger formaler Mängel und Probleme in der Spannungsführung – Hemingway sollte auch diesen Roman nicht vollenden, er wurde schließlich 1970 von Mary Hemingway und Charles Scribner, Jr. unter dem Titel *Inseln im Strom* veröffentlicht – ist der Roman gerade in diesem Gejagtsein seines Helden, dessen innerer Trauer, von großer Eindringlichkeit, die nicht zuletzt auf den Zustand der gequälten Psyche Hemingways selbst verweist. In der handgeschriebenen früheren Fassung von *Inseln im Strom* wird dies noch deutlicher. Ursprünglich hatte Hemingway Roger Davis, dem Schriftstellerfreund von Thomas Hudson, wesentlich größere Bedeutung gegeben. So sind die drei Jungen in dieser Fassung noch Rogers Söhne. Roger hat nach Frauen- und Alkoholproblemen eine Zeit großer Selbstzweifel hinter sich und versucht noch immer, sein persönliches Leben und seine Existenz als Schriftsteller in Deckung zu bringen. Wie Hemingways Frau Hadley wurde auch einer der Frauen Rogers ein Koffer mit seinen Manuskripten gestohlen, ein Verlust, den er nie verwunden hat. *Es waren die Din-*

ge, über die ich am besten Bescheid wußte und die mir am nächsten standen, einige hatten mit dem Ersten Weltkrieg zu tun. Als ich sie schrieb, fühlte ich alles, was ich davon fühlen mußte. Ich hatte alles Gefühl und Wissen in sie hineingelegt, das ich ausdrücken konnte, und sie wieder und wieder hingeschrieben, bis alles in ihnen war und aus mir heraus. Da ich, seit ich jung war, für Zeitungen gearbeitet hatte, konnte ich mich an nichts erinnern, sobald ich es einmal niedergeschrieben hatte. Jeden Tag löschte ich meine Erinnerung wie man eine Tafel mit einem Schwamm oder feuchten Lappen abwischt. Ich hatte diese schlechte Gewohnheit immer noch, und jetzt hatte sie mich eingeholt.[60] Der Verlust des einmal Entäußerten wird hier zum Bild existentieller Einsamkeit des Schriftstellers und der immer neuen Anstrengung, aus der Distanz zum Leben zu schreiben, ohne dabei als Mensch den Kontakt dazu zu verlieren. In der ersten Fassung der Person von Roger Davis beschrieb Hemingway so einen zutiefst verunsicherten, sensiblen Künstler, eine Darstellung, die, ähnlich wie in *Der Garten Eden* das sexuelle Experiment, auf Hemingways Nachdenken über Funktion und Wesen seines Schaffens als Schriftsteller in dieser Phase seines Lebens hindeutet. Vielleicht aus diesem Grund auch strich Hemingway diese Passagen wieder, scheute überhaupt eine Veröffentlichung des ganzen Romans. Wie Carlos Baker berichtet, führte Hemingway unter anderem an, ein Teil des Buches sei in hohem Maße persönlicher Natur, er müsse es deshalb noch einmal überarbeiten.

Der von Adriana Ivancich entworfene Umschlag für «Der alte Mann und das Meer»

Den ersten Teil des ursprünglich vierteiligen Seeromans, der die Grundlage von *Inseln im Strom* bildet, fand Hemingway jedoch gelungen genug, um ihn zu überarbeiten und 1952 als kurze, in sich geschlossene Einheit zu veröffentlichen. Es war die Novelle *Der alte Mann und das Meer*. Der alte Fischer Santiago fährt darin allein in seinem Boot hinaus aufs Meer, nachdem er viele Wochen ohne Fang von seinen Fahrten zurückgekehrt ist. An diesem Tag aber sichtet er einen großen Marlin. Wie ein Matador im Angesicht des Stiers fühlt er sich angezogen von der Großartigkeit und Würde des Geschöpfes im Wasser vor ihm, obwohl es bei dem folgenden Kampf notwendig um Leben oder Tod gehen wird. Wie schon David in *Inseln im Strom* wird es Santiago in beinahe fast religiöser Hingabe im Lauf des Kampfes gleichgültig, ob er den Fisch oder der Fisch ihn tötet. *Bei der nächsten Wendung hatte er ihn beinahe. Aber wieder richtete sich der Fisch auf und schwamm langsam davon.*

«Diesmal hat er Gott entdeckt, einen Schöpfer. Bisher schufen seine Männer und Frauen sich selbst, aus ihrem eigenen Leben; ihre Siege und Niederlagen hatten sie selbst in der Hand, einfach, um sich selbst oder sich gegenseitig zu beweisen, wie zäh sie sein konnten.»

William Faulkner über «Der alte Mann und das Meer» im «Shenandoah Magazine», Herbst 1952

Du tötest mich, Fisch, dachte der alte Mann. Aber dazu bist du berechtigt. Niemals habe ich etwas Größeres und Schöneres oder Ruhigeres oder Edleres gesehen als dich, Bruder. Komm nur und töte mich. Mir ist es gleich, wer wen tötet. (DaM, S. 249) Es ist ein Kampf, der zwei Tage und zwei Nächte dauert und der von dem alten Mann das Letzte fordert, ihn tatsächlich fast umbringt. Hemingway macht aus diesem Ringen noch einmal eine Parabel vom ewigen Kampf des Menschen mit der Natur, aber auch der Demut vor ihren Geschöpfen. Santiago gelingt es zwar, den Fisch zu töten, er wird aber später von Gewissensbissen gequält, ob er ihn auch wirklich reinen Sinnes getötet habe. *Es tut mir aber doch leid, daß ich den Fisch getötet habe, dachte er. […]*

Vielleicht war es eine Sünde, den Fisch zu töten.

Wahrscheinlich war es das, obwohl ich es tat, um mein Leben zu fristen und viele Leute damit zu ernähren. Aber dann ist alles eine Sünde. Denk jetzt nicht an Sünde. Dafür ist es viel zu spät, und es gibt Leute, die bezahlt werden, um das zu tun. Die sollen darüber nachdenken.

Du bist geboren worden, um ein Fischer zu sein, wie der Fisch geboren wurde, um ein Fisch zu sein. (DaM, S. 255). Die eigentliche Be-

Während der Dreharbeiten zu «Der alte Mann und das Meer» mit Spencer Tracy und Regisseur John Sturges (ganz links) im «Floridita» in Havanna

währungsprobe steht dem alten Mann jedoch noch bevor – die Hinnahme einer Niederlage. Auf dem Heimweg fallen Haie den toten Schwertfisch an. Anstatt mit einem Fang anzukommen, der ihn monatelang ernähren könnte, hängt nur noch das Skelett des großen Fisches an der Bordwand seines Bootes, als Santiago den heimatlichen Strand erreicht. Nur der Junge Manolin, der ihn umsorgt, ahnt etwas von der menschlichen Größe und der stoischen Tapferkeit seines alten Freundes, der sofort erschöpft einschläft.

Der alte Mann und das Meer war Hemingways Antwort auf die schlechten Kritiken für *Über den Fluß und in die Wälder*. Die Novelle wurde ein durchschlagender Erfolg. Bereits vor ihrem Erscheinen als Buch war die Novelle in einer einzigen Nummer von «LIFE» abgedruckt worden, von der in 48 Stunden über fünf Millionen Exemplare verkauft wurden. Die Kritiker überschütteten Hemingway mit Lob, und die kubanische Regierung verlieh ihm eine Ehrenmedaille «im Namen der Marlin-Fischer von Puerto

Escondido bis Bahía Honda». Die heutige Kritik beurteilt Hemingways Novelle etwas strenger. So ist darauf hingewiesen worden, daß das Werk eine fast an Selbstparodie grenzende Wiederholung des frühen Stils von Hemingway darstelle, daß der Versuch, spanische Dialog- und Satzrhythmen ins Englische zu übertragen, gezwungen wirke und aus einem veränderten Zeitgeist heraus heute Verschiedenes an der Novelle schlichtweg sentimental anmute. Tatsächlich wirkt das Stück stellenweise lang und zu allegorisch. Die zeitgenössische Kritik jedoch begrüßte es als Meisterwerk und belohnte Hemingway noch im Jahr des Erscheinens mit der Verleihung des angesehensten amerikanischen Literaturpreises, des Pulitzer-Preises. Hemingway kommentierte diese Auszeichnung seines schriftstellerischen Könnens in trockener Untertreibung, die seine wahren Gefühle verbarg: *Habe im Radio gehört, daß «Der alte Mann und das Meer» mit dem Pulitzer Preis ausgezeichnet worden ist. Hoffe, daß es für den Verleger und das Buch von Vorteil ist. Da ich noch nie einen solchen Preis erhalten habe, habe ich keine Ahnung, ob das was bewirkt, kann zumindest nicht schaden.*[61]

«Jeden Morgen lese ich ein paar Nachrufe»: Der Preis des Ruhms

In den fünfziger Jahren war Hemingway der wohl berühmteste lebende Schriftsteller der Welt. Aber der Ruhm forderte seinen Tribut. *Über den Fluß und in die Wälder* war ein Vorzeichen gewesen. Er begann Hemingways Talent zu lähmen. Hemingway hatte es immer verstanden, nicht übersehen zu werden. Bereits im Paris der frühen zwanziger Jahre, als er noch so gut wie nichts veröffentlicht hatte, umgab ihn die Aura des kommenden Talents. In mancher Beziehung kann Hemingway als der erste amerikanische Schriftsteller bezeichnet werden, der Starruhm erlangte. Zwar hatten vor ihm schon andere amerikanische Dichter wie Walt Whitman, Henry Wadsworth Longfellow oder Mark Twain eine gewisse Berühmtheit erlangt, die über ihre unmittelbare Leserschaft und die literarischen Zirkel hinausging, ein Phänomen wie Lord Byron etwa oder Oscar Wilde war in Amerika jedoch unbekannt. Möglich gemacht wurde Hemingways Aufstieg zur öffentlichen Figur, zur «celebrity», und die konstante Aufmerksamkeit, die ihm während fast der gesamten zweiten Hälfte seines Lebens zuteil wurde, durch die modernen Massenmedien, die Zeitungen und gehobenen Journale wie «LIFE», «Collier's» oder den «New Yorker», durch das Radio und den Film.

Hemingways Verhältnis zu den Medien hatte immer die Form einer symbiotischen Beziehung. Er war in seinen Anfangsjahren hauptberuflich Journalist gewesen, hatte dort einen knappen, klaren, unakademischen Stil gelernt und war über seine tägliche Arbeit außerdem mit Lebensbereichen in Kontakt gekommen, die zumindest zu seiner Zeit nicht zu den normalen Erfahrungsbereichen von Schriftstellern gehörten. Durch seine Tätigkeit als Korrespondent hatte Hemingway diese Beziehungen immer wieder auffrischen können, die ihm eine unschätzbare Kenntnis der inneren Dynamik journalistischer Berichterstattung einbrachten. In diesem Sinne müssen seine späteren Klagen über die Zudring-

Mit Rocky und Gary Cooper, Sun Valley, November 1946

lichkeit der Medien unglaubwürdig wirken – Hemingway selbst hatte sich seine Sporen in der Welt der Sensationen und des informierenden Klatsches verdient und mußte wissen, auf was er sich einließ, als er nur zu willig seine großspurigen Interviews gab und mit seiner wachsenden Berühmtheit kokettierte. Es ist das ungeschriebene Gesetz massenmedialer Berühmtheit, daß im Austausch gegen die Publizität, die die Medien jemandem verschaffen, dieser den Medien und damit deren Publikum das Recht gewährt, Einblick in sein Privatleben, seinen Charakter, Geschmack und sein Verhalten zu nehmen – mit dem Risiko, daß die Art, wie die Medien die Ware Star konsumierbar machen, sich der Kontrolle der dargestellten Person entzieht.

Acht von Hemingways Romanen und Kurzgeschichten wurden zu seinen Lebzeiten von Hollywood zum Teil mehrmals verfilmt. Auf «In einem anderen Land» mit Gary Cooper, Helen Hayes und Adolphe Menjou im Jahr 1932 folgte 1943 unter der Regie von Sam Wood «Wem die Stunde schlägt» mit Gary Cooper und Ingrid Bergman und 1944 von Howard Hawks «Haben und Nichthaben» mit Humphrey Bogart und Lauren Bacall. 1947 drehte Zoltan Korda «Die Macomber-Affäre» mit Gregory Peck und Joan

Bennett, 1952 gefolgt von Henry Kings «Schnee am Kilimandscharo» mit Hemingways Lieblingsschauspielerin Ava Gardner und Gregory Peck als Harry. Den Abschluß machte 1958 John Sturges oscargekrönte Adaption von *Der alte Mann und das Meer* mit Spencer Tracy als altem Fischer Santiago. Hemingway selbst ließ allerdings nur Robert Siodmaks «Tod eines Killers» von 1946 mit

Ava Gardner

Burt Lancaster als Ole Anderson und Ava Gardner als Kitty Collins gelten. David O. Selznick, der Chef von Paramount, hatte früh erkannt, daß sich aus dem Namen Hemingway selbst Profit schlagen ließ, denn der eingängige Gegensatz zwischen Hemingway, dem Tatmenschen, und Hemingway, dem gebildeten Mann des Wortes, ließ sich massenwirksam in der Werbung für die Filme nutzen. Besonders das Image des «tough guy», des harten Kerls, wurde eifrig ausgenutzt, auch wenn der Inhalt der Filme dabei bis zur Unkenntlichkeit verstümmelt wurde. Über Hemingway wurden Geschichten erfunden, wie die, daß er bei einer Mittelgewichts-Boxmeisterschaft in Paris einmal entnervt selbst in den Ring gestiegen sei, um den amtierenden Meister kurzerhand mit einem Hieb k. o. zu schlagen. Zwar wies Hemingway trocken darauf hin, daß außer Gene Tunney Derartiges wohl kein Schriftsteller wagen würde, aber die Anekdoten, die er selbst von sich in Umlauf brachte, waren nicht gerade dazu angetan, das Bild Supermann Hemingway zu demontieren. Im Gegenteil, er tat alles, um nicht aus dem Licht der Öffentlichkeit zu verschwinden, von aufgebauschten Abenteuern, genüßlich erzählten tatsächlichen Erlebnissen im Spanischen Bürgerkrieg und Zweiten Weltkrieg bis zu spektakulären Schlägereien in der Öffentlichkeit. Seine lebenslangen Freundschaften mit Leinwandgöttinnen wie Marlene Dietrich, die er 1934 nach seiner ersten Safari auf der Rückfahrt von Frankreich kennengelernt und 1944 in Paris wiedergetroffen hatte, wo sie ihm auf seinem Badewannenrand sitzend ihre Lieder vorgesungen hatte, taten ein übriges.

«Ich küsse Dich hart und liebe Dich zu Tode Kraut»
Marlene Dietrich an Hemingway, 25. August 1952

Dieses Foto legte Marlene Dietrich ihrem Brief an Hemingway vom 21. Mai 1959 bei

Die Presse ging in ihrem ständigen Hunger nach Neuigkeiten nur zu gern auf Hemingways Angebote ein. Bereits nach seiner Rückkehr aus dem Ersten Weltkrieg hatte er sich Reportern gegenüber als Kriegsheld aufgespielt. Spätestens aber seit ihn 1924 in Pamplona ein Stier auf die Hörner genommen hatte, war aus dem zeitweiligen Journalisten selbst ein Objekt journalistischen Interesses geworden, ein Interesse, das von Hemingways Verlag durch geschickte Plazierung von Pressetexten und Fotos des Autors noch geschürt wurde. Über Hemingways Scheidungen und Heiraten wurde in den Klatschspalten berichtet, seine Ratschläge zum Sportfischen und für tropische Drinks wurden begeistert abgedruckt. Im Januar 1949 und Mai 1950 erschienen zwei lange Porträts, die die Neugier der Öffentlichkeit auf Hemingway noch mehr anstachelten. Unter der Überschrift «Porträt von Mr. Papa» präsentierte Malcolm Cowley Hemingway in «LIFE» vor dem Hintergrund seiner Biographie und seines augenblicklichen Lebens auf der luxuriösen Finca Vigía mit Swimmingpool und Yacht. Und im «New Yorker» beschrieb Lillian Ross voller Humor die Details eines Ferienaufenthaltes von Hemingway in New York, bei dem er unter immensem Konsum von Alkohol in Pidgin-Englisch unmögliche Abenteuer aus seinem Leben zum Besten gab und sich kriegslustig gegen imaginäre Kontrahenten aus Vergangenheit und Gegenwart wehrte.

Im Januar 1954 dann, während Hemingways zweiter Afrikareise, auf der er zum ehrenamtlichen Wildhüter für das Gebiet der Kimana-Sümpfe ernannt wurde, kam es zu einem Zwischenfall, der Öl in das Feuer der Sensationspresse goß. Als Weihnachtsgeschenk für Mary hatte Hemingway ein Flugzeug gemietet und flog mit ihr über den Ngorongoro-Krater zur Serengeti, an die Grenze zum Belgisch-Kongo und nach Uganda. Bei den Murchison-Fällen streifte das Flugzeug mit dem Propeller eine alte Telegraphenleitung und stürzte ab – um den Piloten zu schützen, war die offizielle Version, daß er einem Schwarm Ibisse ausweichen mußte. Mary, Hemingway und der Pilot kletterten jedoch bis auf ein paar Schrammen und Prellungen unverletzt aus dem Wrack. Als Hemingway dann nach einer abenteuerlichen Flußfahrt von einem Tag mit Mary von Butiaba nach Entebbe weiterfliegen wollte, hatte auch diese Maschine plötzlich Probleme und fing

Mit fremdem Leoparden: Mary gab deshalb das Foto erst zur Veröffentlichung frei, als Hemingway selbst einen Leoparden erlegt hatte.

während des Starts Feuer. Mary und die anderen Passagiere konnten durch den Notausstieg über dem Pilotensitz der alten Maschine aussteigen, doch Ernest mit seinen breiten Schultern und dem massigen Leib war zu groß dafür. Nach verzweifeltem Suchen brach er sich schließlich ein Loch in den Rumpf und fand sich von Flammen umgeben auf dem Flügel wieder. Er kletterte herunter und warf sich auf den Boden, was Mary zu der spöttischen Bemerkung veranlaßte, er habe es wohl reichlich eilig gehabt, herauszukommen. Hemingway hatte eine Wunde am Kopf, eine Gehirnerschütterung und ernstzunehmende innere Verletzungen, faßte dies aber trotzdem als Kritik und Vorwurf der Feigheit auf. Einen Monat später trank er zuviel, nach Aussage des Jagdführers Denis Zaphiro etwa zwei Flaschen seines Allheilmittels Gin, um die Schmerzen im Zaum zu halten, die er ansonsten mit stoischer Selbstbeherrschung ertrug. Während Mary und Zaphiro Fischen waren, brach in der Nähe ein Buschfeuer aus, und Hemingway ließ es sich trotz seiner schlechten körperlichen Verfassung nicht nehmen, bei der Bekämpfung des Feuers zu helfen. Als er schließlich gefunden wurde, lag er mit dem Gesicht nach unten mit schweren Verbrennungen in dem noch rauchenden Unterholz.

Die Nachricht von Hemingways Unfällen verdrängte weltweit alle anderen Schlagzeilen. Innerhalb von 24 Stunden zweimal abzustürzen und zu überleben, das konnte nur ihm zustoßen. Hemingway selbst gab sich der Presse gegenüber gelassen. Tatsächlich aber ging es ihm schlecht. Aus Shimoni schrieb er einem Freund, der besorgt telegraphiert hatte: *Man erzählt der Presse, daß es einem nie besser gegangen ist, um ihnen nicht das Geheimnis unserer Profession zu verraten, die Notwendigkeit, alles durchzustehen. Was Dein treuer Freund jetzt und in der Stunde der Hure Tod vorzuweisen hat, ist ein Nierenriß (viel Blut und Nierenstücke im Urin). Zur Hölle mit dem Rest. Es geht schon weiter so, aber es ist schmerzhaft. Man ist nicht unzerstörbar, auch wenn die Journalisten das meinen.*

Ich habe fest vor, diese Runde zu gewinnen, obwohl es leichter wäre, nicht aufzustehen. Der Tod ist nur Scheiße, wie wir beide wissen.[62] Eine heimliche, wenn auch etwas makabre Freude blieb Hemingway jedoch in seinem Elend. Als A. E. Hotchner ihn wenige Wochen später im Hotel Gritti in Venedig traf, hatte Hemingway ein großes Album mit seinen Nachrufen vor sich liegen und sagte, er würde sich fabelhaft unterhalten. Jeden Morgen würde er bei einem Glas Champagner ein paar Nachrufe lesen, das richte ihn für den ganzen Tag wieder auf.[63]

Am meisten machte Hemingway jedoch zu schaffen, daß sein öffentliches Image zunehmend die Einschätzung seines literarischen Werkes beeinflußte. Langsam dämmerte es ihm, daß er zum Gefangenen der Legende geworden war, die er selbst zu kreieren geholfen hatte. Für die Massenmedien stand der Name Hemingway für einen Kämpfer oder Sportsmann oder auch Liebhaber, sowie, in seiner Papa-Rolle, für jemanden, der zu allem eine Meinung hatte. Er stand kaum für einen Schriftsteller, dessen Antiintellektualität bewußt inszeniert, dessen scheinbar simpler Stil bewußt auf das Wesentlichste reduziert war. Nicht umsonst bat Hemingway 1950 Robert Cantwell in seinem Brief ausdrücklich, nichts von seinen Verwundungen, seinen Kriegserlebnissen zu erwähnen. Ein nicht minder wichtiger Faktor war der Neid seiner Kritiker – Eifersucht sowohl auf seinen Erfolg wie auch der unbewußte Neid der Intellektuellen auf den, der scheinbar nicht von des Gedankens Blässe angekränkelt war, der hervorragend schreiben konnte und doch lebte, liebte und dort war, wo das Leben stattfand, über das sie an ihren Schreibtischen nur nachdenken konnten. Dies und das Gegenteil – voreingenommene Verehrung und unbewußte Identifikation – sollten den Umgang mit dem Werk Hemingways schon zu seinen Lebzeiten erschweren, bis hin zur Kritik, die von feministischer Seite schließlich an Hemingway geübt wurde. Es war die unmittelbare Übertragung der Legende um Hemingway auch auf die inhaltliche Interpretation seines Werks. 1954 schrieb Hemingway an seinen Freund Edward Dorman-O'Gowan: *Lieber Chink: Schäme mich, nicht geschrieben zu haben. Wurde einfach von Journalisten, Photographen und normalen und verrückten Anhängern überrannt. War mitten dabei ein Buch zu schreiben. Es ist ein bißchen, als wenn man mitten im Beischlaf unterbrochen wird.*[64]

Je berühmter Hemingway wurde, desto mehr hatte dies Einfluß auf den Prozeß des Schreibens selbst. Umgeben von Verehrern und Reportern, die seine Zeit für Interviews in Anspruch nahmen, hatte er immer weniger Raum für die Besinnung, die Zurückgezogenheit und kreative Muße, die die Tätigkeit des Schreibens von ihm verlangte. Aber auch diese Gefahr kam nicht nur von außen. Sie kam ebenso von innen, von Hemingway selbst. Anfang der dreißiger Jahre war er noch äußerst zurückhaltend im Umgang mit der Presse gewesen, da er fürchtete, nicht mehr aufhören zu können, sobald er einmal Blut geleckt hätte. Nur wenige Jahre später hatte er diese Scheu jedoch verloren. In offen autobiographisch angelegten Büchern wie *Tod am Nachmittag* und *Die grünen Hügel Afrikas* sprach nicht das auktoriale Ich, sondern der Autor und Experte Hemingway selbst über den Stierkampf, das Jagen und Angeln, philosophierte über sein Leben, die Liebe, den Krieg, Kunst, Politik. Spätestens als Hemingway aus dem Spanischen Bürgerkrieg zurückkam, war er eine Legende, der man alles abnahm. 1965, nach seinem Tod, erschien eine Langspielplatte mit dem Titel «Ernest Hemingway Reading», auf der eine der Lügengeschichten wiedergegeben wurde, die er offensichtlich mit großem Spaß erzählt hatte. Sie betraf Mata Hari, die berühmte Spionin. «Er erzählte einer angetrunkenen Runde, er habe sie nicht sehr gut gekannt, denn er sei ein kleiner Leutnant gewesen und sie habe sich nur mit höheren Offizieren und Kabinettsministern abgegeben, ‹aber eines Nachts vögelte ich sie nach allen Regeln, obwohl ich fand, daß sie sehr schwer in den Hüften war und mehr auf das aus war, was man für sie tat, als darauf, was sie dem Mann gab.›» Tatsächlich war Mata Hari ein Jahr bevor Hemingway nach Europa kam wegen Spionage hingerichtet worden.

Zu Hause, auf der Finca Vigía, ergriff Hemingway allerdings Maßnahmen, um besonders aufdringliche Besucher und Verehrer von sich fernzuhalten und seine Privatsphäre zu schützen. Er stellte Hinweisschilder auf, die klarmachten, daß unangemeldeter Besuch nicht willkommen sei, und ging nicht selbst ans Telefon. Außerdem vermied er Lesungen und öffentliche Einladungen mit den stets präsenten Kameras. Aber er konnte die Geister, die er gerufen hatte, nicht mehr loswerden. Unter dem Druck seines öffentlichen Bildes verlor Hemingway selbst das Gespür für die dünne Linie, die in seinem Schaffen Fiktion und Realität trennte. Zwar hatte er geschrieben: *Es ist nichts*

Im Arbeitszimmer im Turm der Finca Vigía

Unnatürliches daran, daß die besten Schriftsteller Lügner sind. Es macht einen erheblichen Teil ihres Berufes aus, daß sie lügen, wenn sie betrunken sind, oder gegenüber sich selbst, oder gegenüber Fremden. Oft lügen sie unbewußt und erinnern sich dann mit heftigen Gewissensbissen an ihre Lügen. Wenn sie sich zu Bewußtsein führen würden, daß auch alle anderen Schriftsteller Lügner sind, würde sie das wieder aufrichten. […] Während des Trinkens zu lügen, ist eine gute Übung für ihre Erfindungskraft und sehr nützlich bei der Planung einer Geschichte. Es ist bei einem Schriftsteller nicht hinterlistiger oder ablehnenswerter als bei jemandem, der seltsame und unglaubliche Erfahrungen in seinen Träumen erlebt. Sich selbst zu belügen ist zwar schädlich, aber es wird bereinigt durch das Schreiben eines wahren Buches, das in seiner Erfindung wahrer ist als alle wahren Dinge, die je passiert sind. […] Es liegt einzig bei dem Autor selbst, sich zu vergeben.[65]

Das Problem war jedoch, daß Hemingway schließlich die Wahrheit der Erfindung nicht mehr von der Wahrheit der Wirklichkeit ableitete, sondern seine Helden nach dem selbstgeschaffenen öffentlichen Bild von sich selbst modellierte. Es macht die Tragik des Menschen wie des Schriftstellers Hemingway aus, daß der eine ohne den anderen nicht konnte und sie doch einander nicht genug waren. Hemingway, der Schriftsteller, war besessen vom Schreiben, aber er brauchte Hemingway, den gefeierten Mann der Tat, um sich zu fühlen, seine Bestätigung als Mann zu bekommen. Ein Teufelskreis setzte ein. Je berühmter Hemingway wurde, je stärker der Erfolgsdruck auf ihm lastete, desto mehr war er willens, nicht seinen wirklichen Taten zu glauben, von denen er nur zu gut wußte, daß sie an das öffentliche Bild von ihm nicht heranreichten, sondern den Fiktionen selbst. Hemingway, der Jäger, Angler und Trinker dagegen brauchte den Schriftsteller Hemingway, die Korrektur der Wirklichkeit in der Selbsttherapie des Schreibens, um sich nicht zu verlieren, aber auch die schriftliche Dokumentation, auf daß seine Taten nicht vergessen wurden. Aber es waren eben nur niedergeschriebene Taten und somit nichts Wahres, Anfaßbares. Wieder drohte der Verlust der Wirklichkeit. Dieses Karussell sollte sich zum Schluß immer schneller drehen, bis es das Talent Hemingways selbst lähmte, seine Fähigkeit zu schreiben erstickte.

Der Sieger geht leer aus

1954 erhielt Hemingway den Nobelpreis für Literatur. In der Begründung hieß es, Hemingway habe die moderne Erzählung mit «kraftvoller, stilbildender Meisterschaft» weiterentwickelt. Gesundheitlich ging es Hemingway jedoch nicht gut genug, um den Preis selbst in Empfang nehmen zu können. Die schweren Verletzungen, die er sich bei seinen beiden Flugzeugabstürzen zugezogen hatte, waren beileibe nicht die einzigen körperlichen Schäden, mit denen Hemingway es während seines Lebens aufnehmen mußte. Einer Statistik nach erlitt Hemingway im Lauf seines Lebens diverse Schußwunden an beiden Füßen und Händen, sechs Schädelverletzungen, hatte drei schwere Autounfälle und unzählige Male gebrochene Rippen, er überstand nach eigener Darstellung mindestens zehn schwere Gehirnerschütterungen. Die Unfälle, die Strapazen, die Hemingway sich zugemutet hatte, kurzum der bedenkenlose Raubbau an seiner Gesundheit, der durch seine hemmungslose Trinkerei noch verstärkt wurde, zeitigten Folgen. Erst fünfundfünfzig Jahre alt hatte Hemingway schon den Körper eines alten Mannes – wie wir heute wissen, wurde dieser vorzeitige Alterungsprozeß durch eine Stoffwechselkrankheit, an der Hemingway wahrscheinlich litt[66], noch verstärkt. Er mußte seine Dankesrede durch den amerikanischen Botschafter verlesen lassen. Die goldene Medaille, die Hemingway zusammen mit der Urkunde und dem Preisgeld von 35 000 Dollar erhielt, stiftete er schließlich der Jungfrau von Cobre, der Nationalheiligen Kubas.

Nach dem Nobelpreis war es besonders schwer für Hemingway, den öffentlichen Erwartungen gerecht zu werden. Er war durch die Begründung der Verleihung gekränkt, in der von einer Überwindung seiner frühen «brutalen, zynischen und abgebrühten» Phase zugunsten einer «männlichen Liebe für Gefahr und Abenteuer» die Rede gewesen war, und hatte das Gefühl, daß jedes neue Buch von ihm nun die vorhergehenden übertreffen mußte und überall Kritiker lauerten, um ihn zu verreißen. Im Herbst 1954 begann er an dem fiktiven Tagebuch seiner zweiten Afri-

In Idaho, 1955

kareise zu arbeiten, das jedoch erst 1999 zu seinem 100. Geburtstag unter dem Titel *Die Wahrheit im Morgenlicht. Eine afrikanische Safari* von seinem Sohn Patrick veröffentlicht werden sollte. Wie schon in *Die grünen Hügel Afrikas* wird das Erlebnis der Landschaft und der eingeborenen Menschen des Schwarzen Kontinents darin zur Möglichkeit für den Erzähler, zu den tieferen, ursprünglichen Schichten seiner Persönlichkeit zu gelangen. Zugleich ist das Buch durchdrungen von Hemingways Ambivalenz gegenüber seiner

Frau Mary. Ein Kernstück bildet die Beschreibung der Beziehung des Ich-Erzählers zu Debba, einer jungen Wakambafrau, die er als seine «Verlobte» bezeichnet und die sich auf seinen Fahrten an ihn und seine Pistolenhalfter schmiegt und ihre Hand dahin legt, *wo sie sie hinlegen wollte.* (WiM, S. 360) Neben der Jagd wird das Mädchen im Lauf der Geschichte zum Inbegriff zivilisationsfreier Freiheit und natürlicher Anmut, der sich der Erzähler schließlich willig hingibt, während seine Frau fort ist. *Wir blickten über ein Land, in dem noch nie eine weiße Frau gewesen war, auch nicht Miss Mary, es sei denn, es zählte, daß wir sie einmal aufgeregt wie Kinder gegen ihren Willen in diese Landschaft mitgenommen hatten, in die sie ganz und gar nicht gehörte und von der sie nicht wußte, daß ihre Strapazen ihre kleinen Herrlichkeiten aufwogen.*

Jedenfalls betrachteten wir unser Land und die Chulu-Berge, die so blau und seltsam waren wie immer, und waren alle froh, daß Miss Mary nie dort gewesen war; dann stiegen wir wieder ins Auto, und ich sagte einfältig zu Debba: «Du wirst eine kluge Ehefrau sein», worauf sie sich klug an mich und das geliebte Halfter schmiegte und sagte: «Ich bin auch jetzt schon als Ehefrau so gut wie man nur sein kann.»

Ich küßte sie auf den krausen Kopf, und wir fuhren weiter auf der schönen Straße, die sich in seltsamen Windungen den Berg hinaufwand. (WiM, S. 362 f.)

Tatsächlich hatte sich Hemingway auf der Safari in einem seltsamen Anfall von Atavismus, und während Mary zu Weihnachtseinkäufen in Nairobi war, in Massaimanier den Kopf glatt rasieren lassen, seine Kleidung rostrot gefärbt und war mit dem Speer auf Jagd gegangen. Im nachhinein mag er die Absurdität dieses Verhaltens selbst empfunden haben, denn 1956 legte Hemingway das Manuskript von *Die Wahrheit im Morgenlicht* unzufrieden wieder beiseite und wandte sich erneut nach Europa um Inspiration – zuerst nach Spanien, wo man ihm wie einem Heiligen huldigte und selbst die Franco-Administration nicht wagte, ihm die Einreise zu verweigern, dann nach Paris, wo er sich, von seiner schlechten Gesundheit geplagt, mißmutig darauf einstellte, den Winter zu verbringen. Seine Stimmung hellte sich jedoch auf, als man ihm zwei Koffer mit seinem Namen darauf übergab, die seit 1928 in einer Ecke im Keller des Ritz herumgestanden hatten. Als er sie öffnete, fand er handschriftliche Aufzeichnungen, mehrere

Prosaversuche und eine Reportage aus seiner Anfangszeit in Europa – der Fund und die mit ihm geweckten Erinnerungen sollten Grundlage für sein Buch *Paris – ein Fest fürs Leben* werden, das 1964 von Mary Hemingway veröffentlicht wurde.

Bei seiner Rückkehr nach Kuba fand Hemingway eine politisch angespannte Situation vor. Als Regierungstruppen die Finca auf der Suche nach einem flüchtigen Aufständischen durchsuchten, zog Hemingway die Konsequenzen aus der Situation. Er ging nach Ketchum in Idaho ins Exil. Von dort aus verfolgte er mit Sympathie, wie Fidel Castro im Januar 1959 Havanna einnahm. Zwar wurde ihm mitgeteilt, daß er und sein Landgut unter ausdrücklichem Schutz der Regierung stehen würden, aber Hemingway sah bei aller Ablehnung gegenüber dem gestürzten Batista-Regime voraus, daß die kapitalistischen Interessen der USA mit den Zielen der neuen Regierung auf Kuba kollidieren mußten und er so früher oder später in seiner Wahlheimat «persona non grata» sein würde. Nach einem Besuch auf Kuba, bei dem er von Castro überaus freundlich aufgenommen wurde – Castro gewann sogar das jährliche Hemingway-Preisfischen und der Autor überreichte ihm persönlich den Pokal –, kaufte Hemingway sich zur Sicherheit ein Haus in Ketchum und reiste weiter nach Spanien. «LIFE» war an ihn herangetreten, ob er nicht einen langen Artikel über den Stierkampf schreiben könne. Wesentlicher Bestandteil sollte der Wettkampf der berühmten Stierkämpfer Luis Miguel Dominguín und Antonio Ordóñez sein. Aus den ursprünglich geplanten wenigen tausend Wörtern wurde ein Porträt ganz Spaniens. Es war Hemingways letztes Buch, *Gefährlicher Sommer*, das im September 1960 in Teilen in «LIFE» und dann 1985 postum als Buch erschien. Beim Lesen spürt man, daß Hemingway sein Ende ahnte. Das Buch, für Hemingway untypisch langatmig, mit vielen Wiederholungen, wirkt fast wie ein Nachruf mit Seitenblicken auf Spanien und die beiden Matadore. Als Hemingway schließlich aufhörte zu schreiben – er war inzwischen längst wieder nach Kuba und von dort nach Ketchum zurückgekehrt –, waren es hundertzwanzigtausend Wörter, die er nicht einkürzen konnte. Er tat darum etwas, das er in besseren Tagen nie getan hätte. Er, dem sein Schreiben immer heilig gewesen war, bat jemand anders um Hilfe – unter dem Vorwand gesundheitlicher Gründe. *Schlafe zur Zeit nur zweieinhalb bis drei Stunden hintereinander. Nachts 4–höchstens fünf. Gewicht heute morgen 180 Pfund, gut so, senkt den Blutdruck. [...] Letzte Woche kam Ed Hotchner, um mir zu helfen, das Material für Life auf etwa 30 bis 40 000 Wörter zu kürzen, aber wir kamen nur runter auf 70 000. [...] Habe seit Anfang April viel Ärger mit meinen Augen. Sie können nicht operiert werden und auch der Astigmatismus kann nur auf 20/20 korrigiert werden, was bereits geschehen ist. Sie waren in Ordnung, als ich aus Ketchum zurückkam, wurden aber überanstrengt, als ich ohne Brille an dem Buch hier arbeitete.*[67]

Hemingway zerbrach allmählich. Er rieb sich daran auf, der Hemingway zu sein, den man von ihm erwartete. Zunächst hatte ihm der «LIFE»-Auftrag neue Energie gegeben. Er begleitete Ordóñez, mit dem er befreundet war, auf allen Corridas, stürzte sich in die Fiesta von Pamplona und überstand diese Anstrengungen mit überraschender Ausdauer. Seinen 60. Geburtstag feierte er bei wohlhabenden amerikanischen Freunden in der Nähe von Málaga auf der Finca La Consula mit einer von Mary organisierten großen Party und einem anschließenden Gelage. Dabei häuften sich jedoch die Zeichen, daß etwas nicht in Ordnung war. Er verfiel in

An seinem 60. Geburtstag mit Freunden auf «La Consula», Spanien

seine alte Borstigkeit und Überheblichkeit, fing unter dem Eindruck seiner Verliebtheit in Adriana Ivancich an, Mary zu verspotten, sprach von nichts anderem als seiner romantischen Vergangenheit und erging sich in zotigen Ausdrücken. Dennoch gelang es ihm, nach der Rückkehr nach Ketchum und Havanna produktiv weiterzuarbeiten. Im nächsten Jahr hinderte ihn seine jetzt auch ihm selbst bewußt werdende körperliche und geistige Erschöpfung nicht daran, seinen Freund Ordóñez bei dessen Kämpfen wieder zu begleiten. Nach Hemingways Ankunft in Madrid im August 1960 änderte sich die Situation jedoch schlagartig. Er konnte nicht mehr schlafen, litt an Angstzuständen und Gedächtnisausfällen. Der Stierkampf erschien ihm nun sinnlos und korrupt. Die humorvollen und fröhlichen Phasen des Überschwangs und der Schaffensfreude zu Beginn der Arbeit an *Gefährlicher Sommer* wichen langanhaltenden düsteren Stimmungen, er hatte Wahnvorstellungen, war deprimiert und glitt in tiefe Traurigkeit ab. Hemingways Briefe der Zeit wiederholen immer wieder das Bedürfnis, den Kopf frei zu bekommen, um den Dingen Gestalt geben zu können. In einem Schreiben an Mary heißt es: *Ich muß hier raus und zurück zu Dir und zu dem gesunden Leben in Ketchum und den Kopf klar kriegen, um gut schreiben zu können.*[68] Aber auch nach der Rückkehr nach Ketchum besserte sich Hemingways psychischer Zustand nicht. Hemingway wurde allmählich klar, daß er nicht mehr schreiben konnte, und diese Erkenntnis traf seinen Lebensnerv. Dazu kamen Anzeichen von Paranoia. Er fühlte sich von der Polizei und den Steuerbehörden verfolgt, hatte das (wie sich im nachhinein herausstellte, berechtigte) Gefühl, daß das FBI ihn überwachte. Ein Klinikaufenthalt wurde unumgänglich.

Die Einweisung in die Mayo-Klinik war Hemingway von seinem Hausarzt Dr. George Saviers zunächst mit dessen Leberwerten begründet worden. Um die Reporter nicht aufmerksam zu machen, wurde er auch unter dem Namen des Arztes registriert. Tatsächlich stellte man einen leichten Diabetes und eine Hypertrophie der Leber fest. Außerdem hatte Hemingway einen zu hohen Blutdruck, den er mit Medikamenten bekämpft hatte, die als Nebenwirkung auch Depressionen auslösten. Aber auch als man diese absetzte, änderte sich nichts. An Hemingways Briefen ist ab-

Mit dem Torero Antonio Ordóñez, 1960

zulesen, wie sich im Gegenteil die Symptome seiner zunehmenden Verwirrung zu häufen begannen. Innerhalb von zwei Wochen bestellte er vierzig Bücher, er wiederholte oft mehrmals die gleiche Adresse, wurde auffällig penibel, was Details anging, wußte dann aber plötzlich nicht mehr, wann er in das St. Mary's Hospital eingeliefert worden war. Dr. Howard P. Rome, ein Psychiater, der sich aber Hemingway nicht als solcher vorstellte, empfahl schließlich eine damals in den USA durchaus gebräuchliche Behandlungsmethode – Elektroschocks. Als Hemingway am 22. Januar 1961 die Klinik verließ, ein gebrechlicher alter Mann, mager, weißhaarig und blaß, schien sich sein Zustand gebessert zu haben. Aber ans Schreiben war nicht mehr zu denken. Dr. Saviers gegenüber sagte er unter Tränen: *Es will einfach nicht mehr kommen.*[69] Schon im April war er zurück in Rochester. Mary hatte ihn vor dem Fenster stehend mit einem Gewehr in der Hand und zwei Patronen vor sich angetroffen. Es war Hemingway ernst. Als die kleine Propellermaschine, die ihn, Mary und Dr. Saviers von Sun Valley nach Rochester bringen sollte, in Rapid City, in Süddakota, zum Auftanken landete, konnte Hemingway nur mit Mühe daran gehindert werden, in den Propeller eines anderen Flugzeugs zu laufen. Kaum war das Flugzeug wieder in eine Höhe von etwa fünftausend Metern aufgestiegen, folgte der zweite Suizidversuch, bei dem Hemingway es fast schaffte, die Tür zu öffnen und hinauszuspringen. Hemingway blieb bis Ende Juni in der Mayo-Klinik. Am 15. Juni schrieb er an den neun Jahre alten Sohn seines Hausarztes, der ebenfalls im Krankenhaus lag:

Hier in Rochester ist es sehr heiß und schwül gewesen, aber in den letzten beiden Tagen wurde es kühl und schön, und nachts konnte man wunderbar schlafen. Das Land hier ist schön, und ich hatte die Möglichkeit, etwas von der herrlichen Landschaft am Mississippi zu sehen, dort, wo man in alten Holzfällerzeiten die Baumstämme runtertrieb, und die Pfade, auf denen die Pioniere nach Norden kamen. Ich sah im Fluß ein paar gute Barsche springen. Ich wußte bisher überhaupt nichts über den oberen Mississippi; es ist ein wirklich herrliches Land, und im Herbst gibt es dort eine Menge Fasane und Enten.

Aber nicht so viele wie in Idaho, und ich hoffe, wir werden beide bald wieder dort sein und zusammen über unsere Krankenhauserfahrungen Witze machen.

Alles Gute für Dich, alter Hase, von Deinem guten Freund, der Dich sehr vermißt,

(Mister) Papa

Grüße an die ganze Familie. Ich fühle mich gut und sehr gut gelaunt über die Dinge im allgemeinen und hoffe Euch alle bald zu sehen.

Papa[70]

Es war Hemingways letzter Brief. Am Morgen des 2. Juli 1961, es war ein Sonntag, stand Hemingway etwa gegen 7 Uhr auf, während seine Frau noch schlief, ging in den Lagerraum, in dem die Gewehre verwahrt wurden, lud eine großkalibrige doppelläufige Schrotflinte, die er normalerweise zum Taubenschießen verwendete, und ging damit in die vordere Diele seines Hauses in Ketchum. Dann richtete er die Waffe auf sich und drückte ab. Es war eine besonders aggressive Art des Suizids – der Schuß sprengte Hemingway die gesamte Schädeldecke weg, so daß sich später nicht mehr feststellen ließ, ob er sich die Gewehrläufe in den Mund gesteckt oder an die Stirn gehalten hatte.

Am 5. Juli 1961 wurde Ernest Miller Hemingway auf dem kleinen Friedhof von Ketchum am Fuß der Sawtooth Mountains beigesetzt – sechzehn Tage vor seinem zweiundsechzigsten Geburtstag. Noch im Tod verfolgte ihn die Öffentlichkeit. Aus der Beerdigung im kleinen Kreis von Angehörigen und Freunden wurde ein Medienereignis – die Trauerfeier fand unter dem Klicken der Fotoapparate und Surren der Filmkameras statt. Unter den Sargträgern war nicht ein einziger Schriftsteller, nur Sportler, Cowboys und reiche Freunde. Die Schriftsteller, mit denen er Literaturgeschichte gemacht hatte, Fitzgerald, Joyce, Dos Passos, Gertrude Stein, Virginia Woolf waren alle lange tot, mit den anderen hatte er sich in den letzten Jahren seines Lebens zerstritten.

Anmerkungen

Alle Zitate aus: Ernest Hemingway: Gesammelte Werke in 10 Bänden. Reinbek 1977, werden im Text mit Siglen nachgewiesen:

Bd. 1: Die Sturmfluten des Frühlings; Fiesta [F]
Bd. 2: In einem andern Land [IeaL]; Haben und Nichthaben [HuN]
Bd. 3: Wem die Stunde schlägt [WdS]
Bd. 4: Über den Fluß und in die Wälder [ÜdF]; Der alte Mann und das Meer [DaM]
Bd. 5: Inseln im Strom [IiS]
Bd. 6: Stories. Die Ersten und die Letzten [EudL]; In unserer Zeit [IuZ]; Männer ohne Frauen [MoF]
Bd. 7: Stories. Der Sieger geht leer aus [Sgla]; Die Nick Adams Stories [NAS]; Die fünfte Kolonne
Bd. 8: Tod am Nachmittag [TaN]
Bd. 9: Die grünen Hügel Afrikas [DgHA]; Paris – ein Fest fürs Leben [P]
Bd. 10: 49 Depeschen [49 D], Chronik, Bibliographie
Ausgewählte Briefe 1917–1961. Glücklich wie die Könige. Reinbek 1984 [AB, bei Zitaten aus der amerik. Ausg. «Selected Letters 1917–1961»: SL]
Der Garten Eden. Reinbek 1987 [GE]
Sämtliche Gedichte. Reinbek 1988 [G]
Die Wahrheit im Morgenlicht. Eine afrikanische Safari. Reinbek 1999 [WiM]

Alle in der Bibliographie verzeichneten Werke werden hier in Kurzform genannt.

1 Vgl. Baker 1969, S. vii; und Mary Welsh Hemingway 1977, S. 96 Anm.
2 Interview mit John Hemingway, BBC-Serie über E. H. in 4 Teilen, 1986, Teil I
3 Nr. 383, Ernest Hemingway Collection, John F. Kennedy Library, Boston, zit. n. Griffin 1985, S. 15
4 Burgess 1980, S. 11
5 EH an seine Familie, 19. November 1917, SL, S. 2
6 EH an seine Familie, 14. Mai 1918, SL, S. 6
7 EH an seine Familie, 18. August 1918, AB, S. 41 f.
8 EH an seine Familie, 18. Oktober 1918, SL, S. 19
9 EH an William D. Horne, 13. März 1919, zit. n. Griffin 1985, S. 113 f.
10 EH an James Gamble, 16. und 27. April 1919, zit. n. Griffin 1985, S. 119
11 Grace Hall Hemingway an ihren Sohn, 24. Juli 1920, zit. n. Baker, 1969, S. 72
12 Vgl. Interview mit A. E. Hotchner, BBC-Serie, Teil 2
13 Zit. n. Leo Lania: Hemingway. Eine Bildbiographie, München 1960
14 EH an Hadley Richardson, 23. Dezember 1920, zit. n. Griffin 1985, S. 148
15 Vgl. P, S. 209 f.
16 Zit. n. einer Aussage von Malcolm Cowley, BBC-Serie, Teil 2
17 Vgl. Ernest Hemingway: On Writing. Hg. von Larry W. Phillips. London 1985, S. 42 f., S. 75, S. 77
18 Baker 1969, S. 268
19 EH an Ezra Pound, 17. März 1924, AB, S. 88
20 EH an William D. Horne, 18. Juli 1923, AB, S. 70
21 Vgl. Nr. 193–194, Manuskript und Typoskript «The Sun Also Rises», JFK Library
22 Vgl. EH an Scott Fitzgerald, ca. 15. September 1927, AB, S. 211.
23 Vgl. Nr. 193 Manuskript «Cayetano Ordonez ‹Nino de la Palma›», JFK Library
24 EH an Maxwell Perkins, 26. Juli 1933, SL, S. 395 f.
25 EH an Waldo Pierce, 15. April 1932, SL, S. 359
26 EH an Arnold Gingrich, 24. Mai 1933, SL, S. 391

27 EH an Maxwell Perkins, 5.–6. Januar 1932, SL, S. 351
28 EH an Archibald McLeish, 4. April 1943, SL, S. 544
29 EH an Robert Cantwell, 25. August 1950, AB, S. 476 f.
30 Vgl. John Dos Passos: Die schönen Zeiten. Jahre mit Freunden und Fremden. Reinbek 1969, S. 267
31 EH an F. Scott Fitzgerald, 28. Mai 1934, SL, S. 407 f.
32 EH an Henry Strater, 9. Februar 1932, SL, S. 352 f.
33 EH an Arnold Gingrich, 18. Januar 1934, SL, S. 402 f.
34 Edmund Wilson: The Wound and the Bow. Cambridge, Mass., 1941, S. 227
35 EH an John Dos Passos, 11. Februar 1936, zit. n. Lynn 1989, S. 538
36 Interview mit Denis Zaphiro, BBC-Serie, Teil 3
37 EH an Familie Pfeiffer, 9. Februar 1937, SL, S. 457 f.
38 Ernest Hemingway: Der Schriftsteller und der Krieg. In: New York 1935–1937. Reden und Dokumente der Schriftstellerkongresse. Berlin 1984, S. 261, S. 260
39 EH an Maxwell Perkins, 28. Oktober 1938, AB, S. 359
40 EH an seine Schwiegermutter, Mrs. Paul Pfeiffer, 6. Februar 1938, SL, S. 476
41 EH an Maxwell Perkins, 7. September 1935, AB, S. 335
42 EH an Iwan Kaschkin, 15. August 1935, AB, S. 329 f.
43 Hemingway veränderte Jordans Aussage zur veröffentlichten Version hin erst in seiner Korrektur der Druckfahnen. Vgl. Nr. 83.3, S. 111, Nr. 85.3, S. 124, Nr. 86.3 Druckfahne 21, JFK Library
44 EH an Charles Scribner, 24. Februar 1940, AB, S. 373
45 Interview mit John Hemingway, BBC-Serie, Teil 3
46 EH an Maxwell Perkins, ca. 12. Oktober 1940, AB, S. 381
47 EH an Charles Scribner, ca. 21. Oktober 1940, SL, S. 519
48 EH an Patrick Hemingway, 15. September 1944, SL, S. 571
49 EH an Maxwell Perkins, 15. Oktober 1944, SL, S. 574
50 Erstes Gedicht an Mary in London, G, S. 127 f.
51 Interview mit Jack Hemingway, BBC-Serie, Teil 4
52 EH an Charles T. Lanham, 20. April 1945, SL, S. 589
53 EH an Charles T. Lanham, 28. August 1946, SL, S. 611
54 EH an Maxwell Perkins, 14. Februar 1927, SL, S. 245
55 Mary Welsh Hemingway 1977, S. 129 ff.
56 Ernest Hemingway: African Journal, zit. n. Scott Donaldson: By Force of Will. The Life and Art of E.H. New York 1977, S. 150
57 Villard/Nagel 1996
58 Nr. 422.1, Manuskript The Garden of Eden, Buch 3, Kapitel 23, S. 9, JFK Library.
59 Mary Hemingway 1977, S. 318
60 Nr. 102–103, JFK Library, zit. n. Fleming, Anm. 60, S. 58
61 EH an Wallace Meyer, 6. Mai 1953, SL, S. 821
62 EH an Berend Berenson, 2. Februar 1954, SL, S. 827 f.
63 Interview, BBC-Serie, Teil 4
64 EH an Eric Edward Dorman-O'Gowan, 23. Dezember 1954, SL, S. 843
65 Nr. 845 «The writer himself …» (Fragment), S. 2, JFK Library
66 Vgl. Susan F. Beegel; Hemingway and Hemochromatosis. Hemingway Review 10:1 (1990), S. 57–65
67 EH an Charles Scribner, 1. April und 6. Juli 1960, SL, S. 902, S. 905
68 EH an Mary Hemingway, 25. September 1960, AB, S. 622
69 Zit. n. Baker 1969, S. 559
70 EH an Frederick G. Saviers, 15. Juni 1961, AB, S. 628 f.

ZEITTAFEL

1899 21. Juli: Ernest Miller Hemingway wird als Sohn des Arztes Dr. Clarence Edmonds Hemingway und seiner Frau Grace Hall Hemingway geboren

1913–17 Besuch der Oak Park High School

1917 Hemingway nimmt Stelle beim «Kansas City Star» an

1918 Meldet sich freiwillig zum Roten Kreuz an die italienische Front. Verwundung in Fossalta und Lazarettaufenthalt in Mailand, wo Hemingway Agnes von Kurowsky kennenlernt

1919 Heimkehr nach Oak Park, erste erfolglose literarische Versuche

1920 Mitarbeiter beim «Toronto Star». Rückkehr nach Oak Park und Sommeraufenthalt in Michigan. Journalistische Tätigkeit in Chicago. Begegnung mit Hadley Richardson und Freundschaft mit Sherwood Anderson

1921 Heirat mit Hadley in Horton Bay. Im Dezember Überfahrt nach Frankreich als Korrespondent für den «Toronto Star». Berufliche und private Reisen in die Schweiz, nach Spanien, Italien und in den Nahen Osten.- Daneben schriftstellerische Tätigkeit

1923 *Three Stories and Ten Poems* erscheint. Erste Spanienreise nach Pamplona. Sohn John Hadley Nicanor (Bumby) geboren. Patinnen: Gertrude Stein, Alice B. Toklas

1925 Hemingway lernt Pauline Pfeiffer kennen. Beginn der Freundschaft mit F. Scott Fitzgerald

1926 *Die Sturmfluten des Frühlings* und *Fiesta* erscheinen

1927 Scheidung von Hadley. Heirat mit Pauline nach katholischem Ritus. *Männer ohne Frauen* erscheint

1928 Rückkehr in die USA nach Key West. Zweiter Sohn Patrick geboren. Suizid von Hemingways Vater. *In einem andern Land* erscheint

1931 Kauf des Hauses 907 Whitehead St. in Key West. Spanienreise. Fertigstellung von *Tod am Nachmittag*. Dritter Sohn Gregory wird geboren

1933/34 Afrikasafari mit Pauline

1935 *Die grünen Hügel Afrikas* erscheint

1936 Hemingway lernt im «Sloppy Joe's» in Key West Martha Gellhorn kennen. Sammelaktion zur Unterstützung der spanischen Republik

1937 Spanienreise im Auftrag der NANA. Dreharbeiten für *Die spanische Erde*

1938 Arbeit am Theaterstück *Die fünfte Kolonne*

1939 Kubaaufenthalt und Beginn der Arbeit an *Wem die Stunde schlägt*

1940 Scheidung von Pauline. Hemingway heiratet Martha Gellhorn in Wyoming. Kauf der Finca Vigía

1942–44 Fahrten mit «Pilar» als U-Bootfalle und -jäger

1943 Martha berichtet für «Collier's» vom Zweiten Weltkrieg. Hemingway und sie reisen zu den asiatischen Kriegsschauplätzen.

1944 Hemingway geht für «Collier's» nach London. Bekanntschaft mit Mary Welsh. Sohn Bumby vermißt gemeldet. Hemingway erlebt mit Col. Lanham die Hürtgenwaldoffensive

1945 Rückkehr nach Kuba mit Patrick und Gregory. Besuch Marys auf Finca Vigía. Bumby kehrt aus Gefangenschaft zurück. Oktober: Beginn «Land, See und Luft»-Roman, aus dem später *Über den Fluß und in die Wälder*,

Der alte Mann und das Meer, Inseln im Strom und *Der Garten Eden* entstehen

1946 Heirat mit Mary Welsh in Havanna

1947 Besuch Paulines auf Finca Vigía. Hemingway in Michigan und Idaho

1948 Beginn der Arbeit an *Der Garten Eden.* Italienreise mit Mary und Begegnung mit Adriana Ivancich

1949 Beginn einer Entenjagdgeschichte im Veneto, die Ausgangspunkt für den Roman *Über den Fluß und in die Wälder* wird, der September 1950 erscheint. Europareise

1950 Aufenthalte in Venedig und Paris. Rückkehr nach Kuba und Arbeit an *Der Garten Eden* sowie dem Mittelteil von *Inseln im Strom*

1951 Arbeit an *Der alte Mann und das Meer* und *Inseln im Strom.* Tod von Hemingways Mutter und Pauline

1952 *Der alte Mann und das Meer* erscheint in «LIFE»

1953 Europareise und zweite Afrikasafari Hemingways mit finanzieller Unterstützung von «LOOK»

1954 Zweimaliger Flugzeugabsturz Hemingways in Afrika. Beginn der Arbeit an *Wahrheit im Morgengrauen.* Nobelpreis

1956 Aufbruch zu einer weiteren Afrikareise mit Patrick, die an der Schließung des Suezkanals scheitert. Statt dessen Parisaufenthalt. Fund früher Manuskripte im Keller des Ritz

1957 Arbeit an *Paris – Ein Fest fürs Leben*

1959 Revolution auf Kuba. Kauf des Hauses in Ketchum, Idaho. Spanienreise für «LIFE» zu den Stierkämpfen von Ordóñez und Dominguín für *Gefährlicher Sommer*

1960 Auf Kuba schwere depressive Zustände. Spanienaufenthalt und Verfolgungsängste. Rückkehr nach New York und nach Ketchum. Zunehmende Depressionen, daraufhin erste Elektroschocktherapie

1961 Entlassung aus Mayo-Klinik. Suizidversuche und weitere Elektroschocktherapie.
2. Juli: Ernest Hemingway erschießt sich in seinem Haus in Ketchum

Zeugnisse

D. H. Lawrence

Mr. Hemingways Skizzen sind exzellent: kurz, wie das Anzünden eines Streichholzes, das Anzünden einer schnellen, intensiven Zigarette, und dann ist es vorbei. Seine junge Liebesaffäre endet, als wenn man eine abgebrannte Zigarette wegwirft. «Es macht keinen Spaß mehr.» – «Alles in mir ist zum Teufel gegangen.»
Rezension von «In unserer Zeit», April 1927

John Dos Passos

Abgesehen von dem einen oder anderen Wissenschaftler, der sich mit einer Reihe schwieriger Experimente herumgeschlagen hatte, bin ich nie wieder einem Menschen von einer derart verbissenen Hartnäckigkeit begegnet. Einige der besten Arbeiten Hemingways sind dieser Eigenschaft zu verdanken.
In «Die schönen Zeiten», 1969

Virginia Woolf

Mr. Hemingway ist mutig; er ist frech; er versteht sein Handwerk; er setzt die Worte genau wie er es möchte; er hat Augenblicke nackter und nervöser Schönheit; er ist modern in seinem Gebaren, aber nicht in seiner Eingebung; er gibt sich übermäßig männlich; sein Talent ist eher zurückgegangen als daß es sich ausgedehnt hat; verglichen mit seinem Roman sind seine Geschichten ein bißchen trocken und steril.
In «New York Herald Tribune Books», 9. 10. 1927

Hans Fallada

Zeichnen ist Weglassen, auch Erzählen ist Weglassen. Es ist ganz ungeheuerlich, wie er das macht. Er erzählt Details über Details. Wie man in eine Stadt kommt, sich ein Hotelzimmer nimmt, mit dem Portier ein paar Worte spricht, raufgeht, sich wäscht, ein frisches Hemd anzieht, Anzüge in den Schrank hängt, wieder in die Stadt geht, eine Zeitung kauft – Details über Details, Weglassen aller Gefühle, es gibt keinen Autor – : und aus all dem steigt Traurigkeit auf, die Verlorenheit im Leben, unsere Ziellosigkeit, Ausgeliefertsein an das Schicksal. Hemingway spricht nie davon, er spricht nie von Gefühlen … Er zeichnet nur ein paar Striche, grade die Striche, die notwendig sind für die Kontur. Das andere überläßt er seinen Lesern …
Ernest Hemingway oder Woran liegt es? 1931

Klaus Mann

Er ist der Typus, zu dem wir Ja sagen können, wie zu kaum einem anderen. Das Beste, was Amerika hat, vermischt sich in ihm mit allem Guten, was andere bei uns lesen könnten. Man darf nicht sagen, daß er ein europäisierter Amerikaner ist, dafür ist er zu tief und wesentlich Amerikaner geblieben. Er ist ein typischer Amerikaner, aber mit allen inneren Erfahrungen eines Europäers. Er sieht diese Welt mit der Frische seiner jungen Rasse, und gleichzeitig mit der Verschlagenheit unserer alten. Ich wünschte, daß er mehr als irgendein anderer gelesen würde. Er ist ein repräsentativer Dichter unserer Zeit.
Neue Schweizer Rundschau, 1931

Evelyn Waugh

Da ist Mr. Hemingway. Er schreibt luzide und individuell und wohlklingend. Er hat seinen Mächten Grenzen gesetzt, die nur ein Meister überleben kann.
In «Books on Trial», Oktober 1955

Bibliographie

Werke

Leider gibt es keine verläßliche amerikanische Gesamtausgabe der Werke Hemingways.
Auf deutsch liegen sie vor als:

Gesammelte Werke. 6 Bde. Parallelausg. in 10 Bden. Reinbek 1977 [enth. auch Editionsgesch.]
Später erschienen sind:
Der Abend vor der Schlacht. Stories aus dem spanischen Bürgerkrieg. Reinbek 1983
Ausgewählte Briefe 1917–1961. Glücklich wie die Könige. Hg. von Carlos Baker. Reinbek 1984 [gegenüb. d. Amerik. Ausgabe gekürzt]
Sämtliche Gedichte. Amerikanisch-deutsch. Schwiftingen 1986. Neuausg. Reinbek 1988
Gefährlicher Sommer. Reinbek 1986
Der Garten Eden. Reinbek 1987
Die Wahrheit im Morgenlicht. Eine afrikanische Safari. Reinbek 1999

Bibliographien

Hanneman, Audre: *E. H.: A Comprehensive Bibliography.* Princeton 1967, Suppl. 1975 [Berichtszeit 1966–73]
Cohn, L. H.: *A Bibliography of the Works of E. H.* New York 1973
Hoffman, F. J.: *E. H.* In: J. R. Bryer (Hg.): Sixteen Modern American Authors. Durham, 1973, S. 367–416
Harmon, R. B.: *Understanding E. H.: A Study and Research Guide.* Metuchen / London 1977
Wagner, Linda W.: *E. H.: A Reference Guide.* Boston 1977
John F. Kennedy Library: Catalogue of the Holdings of the E. H. Collection at the John F. Kennedy Library, Boston
Regelmäßig erscheinen bibliographische Hinweise in der «Hemingway Review»

Biographien

Baker, Carlos: *E. H.: A Life Story.* New York 1969 (dt. E. H. Die Geschichte eines abenteuerlichen Lebens. München, u. a. 1971)
Brian, D.: *The True Gen.* New York 1988
Bruccoli, Matthew J. (Hg.): *Conversations with E. H. Jackson.* Miss. / London 1986
Burgess, Anthony: *E. H. and His World.* London / New York 1978 (dt. E. H. Hamburg 1980)
Burril, William: *H. The Toronto Years.* Toronto 1994 [im Anhang 25 unveröff. journalist. Arbeiten H.s]
Cappel Montgomery, Constance: *H. in Michigan.* New York 1966
Castillo-Puche, José Luis: *H. in Spain.* Garden City, N. Y., 1974
Diliberto, Gioia: *Hadley.* New York 1992
Fuentes, Noberto: *H. in Cuba.* Secaucus, N. J., 1984 [im Anhang unveröff. Briefe H.s]
–: *H. Rediscovered.* New York 1986
Griffin, Peter: *Along with Youth: H., the Early Years.* New York / Oxford 1985 [enth. 5 unveröff. Kurzgesch. H.s]
–: *Less Than a Treason: H. in Paris.* New York 1990
Hemingway, Gregory: *Papa: A Personal Memoir.* Boston 1976
Hemingway, Leicester: *My Brother, E. H..* New York 1954
Hemingway, Mary Welsh: *How it was.* New York 1976 (dt. Wie es war. Reinbek 1977)
Hotchner, Aaron E.: *Papa H.: A Personal Memoir.* New York 1966 (dt. Papa H. München 1969)
–: *H. in His World.* London 1989 (dt. H. und seine Welt. München 1990)
Lynn, Kenneth S.: *H.* New York 1987 (dt. H. – Eine Biographie. Reinbek 1989)
McLendon, James: *H. in Florida.* Key West 1990

Mellow, James: *H.: A Life Without Consequences.* New York 1992
Messent, Peter: *H.* London 1992
Meyers, Jeffrey: *H.: A Biography.* New York 1985
Miller, Madeleine Hemingway: *Ernie: H.s Sister «Sunny» Remembers.* New York 1975
Reynolds, Michael S.: *The Young H.* New York / Oxford 1986
–: *H.: The Paris Years.* Oxford 1986
–: *H.: An Annotated Chronology.* Detroit 1991
–: *H.: The American Homecoming.* Oxford 1991
–: *H.: The 1930s.* New York / London 1997
Sanderson, David: *E. H.* London 1999
Sanford, Marcelline Hemingway: *At the H.s.* Boston 1962 [im Anhang Korrespondenz]
Villard, Henry S. / Nagel, James: *H. in Love and War: The Lost Diary of Agnes von Kurowsky.* New York 1996

Gesamtdarstellungen und Studien [ab 1980]

Bakker, Jan: *Fiction as Survival Strategy: A Comparative Study of the Major Works of E. H. and Saul Below.* Amsterdam 1983
Beegel, Susan F.: *H.'s Craft of Omission,* Ann Arbor 1988
– (Hg.): *H.'s Neglected Short Fiction.* Ann Arbor 1980
Bloom, Harold (Hg.): *E. H.* New York 1985
Boker, Pamela A.: *The Grief Taboo in American Literature: Loss and Prolonged Adolescence in Twain, Melville, and H.* New York / London 1996
Brenner, Gerry: *Concealments in H.'s Works.* Columbus, Ohio, 1983
Burwell, Rose Marie: *H.: The Postwar Years and The Posthumous Novels.* Cambridge 1996
Capellán, Angel: *H. and the Hispanic World.* Ann Arbor 1985
Cooper, Stephen: *The Politics of E. H.* Ann Arbor 1985
Eby, Carl P.: *H.'s Fetishism: Psychoanalysis and the Mirror of Manhood.* Albany, NY, 1998
Fleming, Robert: *The Face in the Mirror: H.'s Writers.* Tuscaloosa, Alab., 1994
Gaggin, John R. / Litz, A. Walton (Hg.): *Hemingway and Nineteenth-Century Aestheticism.* Ann Arbor 1988
Grimes, L. E.: *The Religious Design of H.'s Early Fiction.* Ann Arbor 1985
Hermann, Thomas: *‹Quite a Little about Painters›: Art and Artists in H.'s Life and Work.* Tübingen 1997
Laurence, Frank M.: *H. and the Movies.* Jackson, Miss., 1981
Lee, A. Robert (Hg.): *E. H.: New Critical Essays.* Totowa, N. J., 1983
Leff, Leonard J.: *H. and His Conspirators: Hollywood, Scribners, and the Making of American Celebrity Culture.* Lanham u. a. 1997
Lewis, Robert W.: *H. in Italy and other Essays: Critical Approaches.* New York 1990
Mandel, Miriam B.: *Reading H.: The Facts in the Fictions.* Metuchen, N. J., 1995
Meyers, Jeffrey (Hg.): *H.: The Critical Heritage.* London u. a. 1982
Nagel, James (Hg.): *E. H.: The Writer in Context, Madison,* Wisc., 1984
– (Hg.): *The Oak Park Legacy: Investigating H.* Tuscaloosa / London 1996
Noble, Donald R., (Hg.): *H.: A Revaluation.* Troy, N. Y., 1983
Oliver, Charles M. (Hg.): *A Moving Picture Feast: The Filmgoer's H.* New York u. a. 1989
Rosen, Kenneth H.: *H. Repossessed.* Westport, Conn., 1994
Rovit, Earl / Brenner, Gerry: *E. H.* Boston 1986
Scafella, Frank (Hg.): *H.: Essays of Reassessment.* New York / Oxford 1991
Smith, Paul: *A Reader's Guide to the Short Stories of E. H.* Boston 1989

Sojka, Gregory S.: *E. H.: The Angler as Artist.* New York u. a. 1985
Stanton, Edward F.: *H. and Spain: A Pursuit.* Seattle 1989
Svoboda, Frederic J. / Waldmeir, Joseph J.: *H.: Up in Michigan Perspectives.* East Lansing 1995
Wagner-Martin, Linda W. (Hg.): *E. H.: Six Decades of Criticism.* East Lansing 1987
Waldhorn, Arthur: *A Reader's Guide to E. H.* New York 1981
Weber, Horst (Hg.): *H.* Darmstadt 1980
Williams, Wirt: *The Tragic Art of E. H..* Baton Rouge / London 1981

Hemingway als Journalist

Fenton, Charles A.: *The Apprenticeship of E. H.: The Early Years.* New York 1954, Neuausg. 1975
Kobler, Jasper F.: *E. H.: Journalist and Artist.* Ann Arbor 1985
Raeburn, John: *Fame Became of Him: H. as Public Writer.* Bloomington 1984
Stephen, Robert O.: *H.'s Nonfiction: The Public Voice.* Chapel Hill, N. C., 1968
Weber, Ronald: *H.'s Art of Nonfiction.* Houndmills, Basinstoke / London 1990

Hemingway und die Frauen

Comley, Nancy R. / Scholes, Robert: *H.'s Genders: Rereading the H. Text.* New Haven, Conn. / London 1994
Doyle, N. Ann / Houston, Neal-B.: *E. H., Adriana Ivancich and the Nobel Prize.* In: Notes on Modern American Literature 1985, Item 5
Kennedy, Gerald: *H.'s Gender Trouble.* In: American Literature 63, 1991, S. 187–207
Kert, Bernice: *The H. Women: Those Who Loved Him – The Wives and Others.* New York / London 1983 (dt. Die Frauen H.s. Frankfurt a. M. / Berlin 1987)
Spilka, Mark: *H.'s Quarrel with Androgyny.* Lincoln, Neb., 1989
Whitlow, Roger: *Cassandra's Daughters: The Women in H.* Westport, Conn. / London 1984

Namenregister

Die kursiv gesetzten Zahlen bezeichnen die Abbildungen.

Über den Autor

Hans-Peter Rodenberg, Jahrgang 1952, Studium an der Hochschule für Bildende Künste und an der Technischen Universität Braunschweig, dann an der University of California in Los Angeles.
1986–1994 Redakteur beim NDR-Fernsehen, Abteilung Kultur.
Seit 1994 Professor für Film, Neue Medien, Populärkultur und Kulturgeschichte der USA an der Universität Hamburg.

Danksagung

Besonderen Dank schulde ich Stephen Plotkin und James B. Hill von der John F. Kennedy Library, Boston

Quellennachweis der Abbildungen

John Fitzgerald Kennedy Library, Boston: Umschlagvorderseite, 3 und 7 (©1999 Earl Theisen), 9, 15, 16, 19, 25 (© Adolf Ernie), 27 (© Henry S. Villard), 28, 35, 41, 52, 63, 65 (© C. W. Zoehrer), 70, 81, 84, 88 (© Lloyd Arnold), 91 (© Vogue/London/Lee Miller), 93, 96, 97, 98, 100, 102, 108 (© Ray Dame, Palm Beach), 115, 117 (© Introfoto), 121, 123, 126, 129, 131, 133 (© 1999 Earl Theisen), 140, 143, 145 (© LIFE, Loomis Dean)
Ullstein Bilderdienst, Berlin: Umschlagrückseite oben (Foto: Yousuf Karsh)
Foto: Archiv für Kunst und Geschichte, Berlin: Umschlagrückseite unten
Aus: Georges-Albert Astre: Hemingway. Reinbek 1961: 11, 79
© Man Ray Trust, Paris/VG Bild-Kunst, Bonn 1999: 39 (Foto: Yale Collection of American Literature, The Beinecke Rare Book and Manuscript Library), 43
Roger-Viollet, Paris: 38
Princeton University Library (Papers of Patrick Hemingway. Manuscripts Division. Department of Rare Books and Special Collections): 49
Knox College Library, Galesburg, Illinois: 55, 124
Hauser exkursionen, München: 68 (Foto: Manfred Häupl)
Hans-Peter Rodenberg: 72, 86
Privatbesitz Antony Mason, Tuxedo Park, N. Y.: 74
Copyright, Paris: 104/105 (Foto: Jean-Paul Paireault), 109 (Foto: Roberto Herrera Sotolongo)
© Corbis, London/Bettmann: 130
Süddeutscher Verlag, Bilderdienst, München: 136/137